D1717788

Liebe Deine
Nächste

FSC® C014496

Verlagsgruppe Random House FSC-DEU-0100
Das FSC®-zertifizierte Papier *Munken Premium Cream* für dieses Buch
liefert Arctic Paper, Munkedals

Hinweis
Die Informationen in diesem Buch sind von Autor und Verlag sorgfältig erwogen
und geprüft, dennoch kann eine Garantie nicht übernommen werden.
Eine Haftung des Autors bzw. des Verlags und seiner Beauftragten für Personen-,
Sach- und Vermögensschäden ist ausgeschlossen.

Quelle der Zitate auf den Seiten 72, 80, 84: Otto Weinreich, *Catull.*
Liebesgedichte und sonstige Dichtungen, Lateinisch und Deutsch, neu übersetzt und
herausgegeben von Otto Weinreich, Rowohlts Klassiker der Literatur
und Wissenschaft, Bd. 1, Hamburg 1960.

Projektleitung
Dr. Harald Kämmerer

Redaktion
Henning Neuschäffer, Claudia Fritzsche

Umschlaggestaltung und Fotos
* zeichenpool, unter Verwendung eines Fotos von Christian M. Weiß

Layout und Gesamtproducing
Lore Wildpanner, München

Druck und Bindung
GGP Media GmbH, Pößneck

Printed in Germany

ISBN 978-3-517-08807-5

9817 2635 4453 6271

Holger Senzel

Liebe Deine Nächste

Von Beziehungspfusch und
anderen Baustellen

südwest

Inhalt

Vorwort

Dieses Buch ist kein Ratgeber. Das gleich zu Anfang, damit Sie sich das Geld sparen können, falls Sie auf der Suche nach Tipps und Regeln für Erfüllung in der Liebe sind. Erstens hielte ich das für anmaßend meinerseits. Zweitens wissen Sie selbst sowieso am besten, wie es geht. Und drittens würden Sie im Zweifelsfall ohnehin alle klugen Erkenntnisse und Einsichten in den Wind schlagen. Dazu müssen Sie sich bloß mal die kaputte Beziehung Ihres besten Freundes anschauen. Es ist doch völlig klar, was er tun müsste – nicht wahr? Und nun erinnern Sie sich mal an eigene Liebesdramen! Sehen Sie, genau das meine ich: Ratschläge in Herzensangelegenheiten sind absolut sinnlos.

Ich kann auch nicht wirklich etwas Neues zum Thema beitragen. Weil zum Thema »Liebe« in den letzten 2000 Jahren eigentlich von allen alles gesagt worden ist. Jede Situation, in der Sie oder ich oder ein anderer beliebiger Mensch auf der Welt in seinem Leben schon mal steckten, hat irgendwer irgendwo schon mal beschrieben. Wenn

Sie das nächste Mal glauben, an Ihrem Liebeskummer zu sterben, müssen Sie bloß Goethes *Werther* lesen – und sind geheilt. Weil er Ihnen mit seinem gesamten selbstmitleidigen Pathos vorführt, wie bescheuert Sie sich gerade verhalten. Aber nein – bei Ihnen ist natürlich alles gaaanz anders. Klar!

Es ist immer anders – und es ist immer irgendwie dasselbe. Wenn Einsicht und Vernunft irgendwas bewirken könnten, hätte ich mir einen Großteil meiner Liebesdramen ersparen können. Meine Freunde haben deshalb herzlich gelacht, als ich ankündigte, ein Buch über die Liebe schreiben zu wollen. Kein Wunder, sie haben ja das ganze Chaos miterlebt, das ich immer wieder angerichtet habe. All die großen Dramen, gebrochenen Herzen und der Kosmos, der den Atem anhielt. Aber das FBI stellte seinerzeit auch einen Meisterdieb ein, um Scheckbetrüger fangen zu können. So einer weiß nämlich, wie's funktioniert. Auf jeden Fall, wie's nicht geht – sonst wäre er ja nicht erwischt worden!

30 Jahre lang habe ich mein Lebensglück über Frauen definiert. Suchte immer wieder die große Liebe, warb jedes Mal mit vollem Einsatz und Fantasie um die Traumfrau – und wenn sie dann erobert war, wurde mir schnell alles zu viel. Fühlte ich mich unter Druck. Was will sie denn – ich tu doch alles? Ich hatte aber auch keine eigene Idee, was ich von der Liebe erwartete. Ich reagierte auf weibliche Erwartungen. Erfüllte sie, bremste sie aus oder entzog mich – aber stellte sie nicht infrage. Frauen verstanden schon immer mehr vom Herzen. »Männer

und Gefühle? Ich lach' mich kaputt. Weiß man doch, wo die bei denen sitzen, haha …« Schön, dass die Frauen so gut über unser tief sitzendes Herz Bescheid wissen. Das erspart uns, nach dem Mann in unserer Seele zu forschen und nach dem, was wir wirklich wollen. Weil wir im Zweifelsfall bequem sind. Jedenfalls haben wir die Emanzipation und viele Chancen, die darin auch für uns Männer lagen, verpennt. Die meisten Konflikte und Missverständnisse zwischen Frauen und Männern resultieren daraus, dass wir uns zu viel fragen, was Frauen wollen – und zu wenig, wer wir sind.

Beziehungspannen und andere Baustellen verspricht der Untertitel dieses Buches. Es sind meine Erlebnisse und zugleich Geschichten, die jeder von uns in der einen oder anderen Form schon einmal erlebt hat. Sie handeln von der Suche, von Lügen, Selbstbetrug, großen Hoffnungen und tiefen Enttäuschungen. Ich hoffe, dass sich der eine oder die andere in dem Buch wiederfindet. Zuweilen ist es ja tröstlich zu wissen, dass man nicht allein dasteht mit all seinen Irrungen und Wirrungen. Vielleicht kann ich manchem Mann ein wenig Mut machen, sein Glück nicht nur bei Frauen zu suchen, sondern zuerst bei sich selbst.

Inzwischen bin ich nämlich davon überzeugt, dass du die Liebe sowieso nicht suchen kannst. Dass du einfach nur mit dir selbst ins Reine kommen und dein Herz öffnen musst. Statt ständig Fröschinnen zu küssen, um irgendwann die Traumprinzessin zu finden. Deshalb geht es in diesem Buch auch um viel mehr als »nur« um die

Liebe: um Freunde, Einsamkeit, Boote, Schuppen und was ein Männerleben sonst noch ausmacht. Denn egal, was Ihnen der Schlager erzählen will: Liebe ist nicht das Leben – sondern bloß ein Teil davon. Wer das erst mal kapiert, kann's ganz gelassen angehen. Letztlich war ich doch selbst überrascht, wie leicht und unanstrengend wahre Liebe ist. Und dass sie mehr Kraft gibt, als kostet. Inzwischen bin ich seit fünf Jahren verheiratet und noch mal Vater geworden. Ich bin angekommen – spät, aber immerhin. Wenn Sie dafür weniger als meine 30 Jahre bräuchten, würde es mich freuen. Vielleicht kann ich aber auch der einen oder anderen Frau noch ein bisschen was darüber erzählen, wie wir Männer wirklich ticken. Letztlich wollen wir beide ja dasselbe: mit einem Menschen glücklich sein und uns wohlfühlen.

Den Titel für das Buch zu finden, war das Schwierigste. Jedenfalls bis ich mich von der Vorstellung verabschiedet habe, dass ein Titel den Inhalt eines Buches beschreiben müsste. »Vermasselt«, war ein erster Vorschlag, aber diese Einwort-Titel-Manie ist Gott sei Dank bereits wieder am Abebben. »Liebe Deine Nächste wie Dich selbst«, fiel meiner Frau ein. Das sagt letztlich auch nicht viel über den Inhalt dieses Buches – andererseits aber auch alles.

Trophäenjäger und Ballköniginnen – oder: Die Extraportion Testosteron

Im Büro eines älteren Kollegen hängt ein Jugendbild seiner Frau. Das 40 Jahre alte Schwarz-Weiß-Foto eines wunderschönen Mädchens. Als er mir bei einem bierseligen Kneipenabend das Herz ausschüttete über seine schon ewig unglückliche Ehe, fragte ich ihn nach diesem alten Foto. Und er sagte: »*Damit ich verstehe, warum ich sie damals geheiratet habe!*« *Das ist bitter, was?* »*Aus einem schönen Schüsselchen kann man sich nicht satt essen*«, *sagte meine Oma. Was keine Absage an Schönheit ist – die aber für sich allein halt nicht genügt. Es gibt wahrscheinlich wenig Deprimierenderes als eine alternde Ballkönigin, deren einziges Kapital in Bitterkeit dahinschmilzt. Aber das männliche Eroberungsverhalten orientiert sich mitunter nicht nur an Partnerschaft und Liebe – sondern an Trophäen im Wer-hat-den-Längsten-Spiel. Und so mancher macht sich verdammt klein, um mal den Alpha-Rüden zu spielen.*

Drei Tage hielt uns der Sturm im Hafen fest. Vier Jungs auf einer Segeltour vor mehr als zwanzig Jahren. Es gab ein Kino in dem Ostseekaff, dessen Namen ich längst vergessen habe, und das zeigte die ganze Woche über einen einzigen Film. An den Titel erinnere ich mich ebenso wenig wie an Handlung und Darsteller; irgendein amerikanischer Actionstreifen, in dem zwei Typen die Welt retten und die ganze Zeit lockere Sprüche klopfen. Einer hat sich mir bis heute eingeprägt:»Der Sieger fickt die Ballkönigin!«Das ganze Männerleben mit allem Streben und allen Kämpfen drastisch und prägnant auf den Punkt gebracht: Der tollste Hecht im Teich führt das schönste Weibchen heim.»Homecoming Queen«heißt die Ballkönigin im Amerikanischen. Die Schulhofschönheit, die allen Jungs den Kopf verdreht. Mich erwischte es das erste Mal auf der Grundschule – ganz unschuldig noch.

Sie trug weizenblonde Zöpfe und eine Zahnspange. Ich war fest entschlossen, sie eines Tages zu heiraten. Betty wusste allerdings nichts von meiner innigen Liebe, die auch den Wechsel aufs Gymnasium überdauerte. Sie gehörte zur tonangebenden Clique unserer Klasse, zusammen mit meinem Namensvetter, über den die Mädels der Klasse dichteten:»Holger dieser Fußballfan – always can!«Ich dagegen war ein unsportlicher, verschlossener Junge, der Seefahrer-Romane las, Schiffsmodelle bastelte und sich in wilde Abenteuer träumte. Oft spielte darin auch Betty mit. Wider alle Vernunft hoffte ich, sie würde irgendwann ihre Gefühle für mich entdecken.

Bei einer der ersten Partys fasste ich mir ein Herz und forderte sie zum Tanzen auf. Ich hätte es nicht gewagt, wenn es nicht drei Tage zuvor diese innigen Minuten auf dem Schulhof gegeben hätte, in denen ich Betty von meinen Schiffsmodellen erzählte. Und sie hatte sogar zugehört! Womöglich wartete sie ja auf ein Signal von mir.

Die Fete stieg im Hobbykeller irgendwelcher Eltern. Mein weißes T-Shirt leuchtete im violetten UV-Licht – Schwarzlicht, das war damals der letzte Schrei. Eine frühe Lichtorgel blinkte in Ampelfarben zu Santanas *Samba Pa Ti*. Engtanz-Musik! Mit klopfendem Herzen stand ich vor der Matratze, auf der Betty zusammen mit ein paar Mädels lümmelte und gleichmütig den Raum überblickte. Ich schrie ihr zu, ob wir tanzen wollten, aber mein Schwarm reagierte nicht mal.

Stattdessen sprang ihre Freundin Dagmar auf, postierte sich breitbeinig vor mir und rief laut:»Nein!« – Großes Gelächter! Wenig später erfuhr ich, dass es auch über mich einen Reim gab:»Senzel dieser Trauerkloß – nur bei Schiffen ist er groß!«

Als ich 17 war, beschäftigte Steffi meine Fantasie. Dass ich für sie geschwärmt hätte, wäre zu viel gesagt, denn inzwischen kannte ich meinen Platz in der Paarungshierarchie. Und zum Fan habe ich mich nie geeignet, nie begriffen, was Menschen davon haben, stundenlang bei Kälte und Regen auszuharren, um irgendeinem Star zuzukreischen. Die meisten Jungs in Steffis Hofstaat hatten meiner Ansicht nach nicht die geringste Chance auf ein Date, ließen sich aber mit Hingabe von ihr schikanieren. Entweder haben sie sich was vorgemacht – oder sie waren einfach Fans.

Dass sie dann ausgerechnet mit Karl ging, hat mich überrascht. Hat uns eigentlich alle irgendwie überrascht. Steffi war – um es in der Sprache jener Zeit auszudrücken – eine echte Granate. Und Karl ein ernsthafter Intellektueller. Er hatte mächtig was auf dem Kasten, und selbst die Lehrer fürchteten seinen Spott. Karl hatte durchaus seine Bewunderinnen, eine Menge kluge Mädels, die mit ihm auf Demos gingen und über Politik diskutierten : Kein Mädchen aus meiner Klasse mochte Steffi. Sie sagten, Steffi sei eine Schande für ihr Geschlecht. Weil sie immer noch auf Weibchen mache. Und ausgerechnet Karl fuhr auf die ab! Auf der Männerseite waren die ganzen Supersportler und Chefarztsöhne, die bei Steffi abgeblitzt waren und es auch nicht verstehen konnten. Karl sah nicht schlecht aus, er sah irgendwie gar nicht aus. Sie waren so ein bisschen wie Arthur Miller und Marylin Monroe. In einer anderen Preisklasse natürlich. Bad Wildungen eben.

Ich wusste es als einer der Ersten. Auf der Brunnenallee blühten die Stiefmütterchen in den Rabatten, und die Familie Sagui war aus Italien zurückgekehrt und hatte ihren Eissalon wieder geöffnet. Viele Kurgäste waren unterwegs. Steffi ragte schon von Weitem aus dem Gewühl heraus, die Männer drehten sich nach ihr um. Ich war in diesem Augenblick verdammt neidisch auf Karl! Er blieb stehen, um mich zu begrüßen. Wir hatten nie viel miteinander zu tun, ich war zu faul für Demos und Diskussionsabende. Aber ich verstand gut, dass er seine Eroberung vorführen wollte. Er strahlte. Ganz mit sich und der Welt im Reinen. Steffi ignorierte mich demonstrativ, zerrte an seinem Arm. Karl zuckte hilflos die Schultern, ich glaubte – oder wollte es glauben –, dass er ihr Verhalten auch blöd fand. »Wir müssen dann mal …«, sagte Karl unsicher, und ich fragte mich, was sie »mal mussten« und was sie wohl mit Karl gemacht hat ...

Drei Wochen später sah ich Steffi bei dieser Party. Allein. *Satisfaction* dröhnte aus den Lautsprechern, wildes Gehotte im Stadtjugendring. Steffi tanzte nicht. Steffi stand da an den Türrahmen gelehnt und rauchte. Regungslos. Ab und an versuchte ein Typ, mit ihr ins Gespräch zu kommen, perlte ab und trollte sich wieder.

Ich gab mir Mühe, sie zu ignorieren – ich trug ihr das herablassende Auftreten auf der Brunnenallee noch immer nach. Aber natürlich habe ich sie beobachtet. Alle taten das. Ob sich Steffi wohl von Karl getrennt hatte? Ob sie einen Neuen hatte? Aber sie war allein hier. Und offensichtlich langweilte sie sich.

Sie schien einen Entschluss gefasst zu haben, schlenderte in meine Richtung. Lächelte. Aber es war sonst niemand da, weder hinter noch neben mir. »Hi, Holger«, sagte sie. Sie kannte tatsächlich meinen Namen! Holger – nicht Senzel. Legte mir die Hand auf den Arm. Wir quatschten ein bisschen. Über Schule und Partys, Zukunftspläne ... Und dann fragte sie mich, ob ich sie nach Hause fahren könnte mit meinem Moped, sie fände es öde hier ...

Und ich sagte: »Nein, Steffi, tut mir leid, ich möchte noch bleiben!« Vermutlich war ich das einzige männliche Wesen in ganz Bad Wildungen, das nicht sprang, wenn Steffi »Hopp!« sagte. Ich war dermaßen stolz darauf, dass ich auch nach so vielen Jahren noch genau weiß, wie es sich damals angefühlt hat. Aber da mach' ich mir was vor, das war nicht wirklich stark – sondern bloß realistisch. Wenn ich auch nur die allerkleinste Chance gesehen hätte, dass sie nicht nur einen Chauffeur suchte, sondern gemeint haben könnte, dass wir bei ihr zu Hause zusammen noch was trinken – ich wäre natürlich mit Freuden gesprungen!

Es ist seltsam, welche Momente sich ins Gedächtnis einbrennen. Manchmal so banale Begebenheiten – verglichen mit den großen Veränderungen im Leben. Die jahre- oder jahrzehntelang unbeachtet im Keller deiner Erinnerungen liegen. Und urplötzlich wieder auftauchen, nicht nur Bilder im Kopf heraufbeschwören – sondern den kompletten Moment mit all seinen Gefühlen. Viele, viele Jahre später auf dieser Vernissage. Ich hasse allein schon das Wort, aber der Künstler ist ein Bekannter meiner Freundin. Sie verteilt »Hallöchens« und Küsschen im Raum. Strahlt. Ihr Lächeln kann Steine erweichen. Sie sieht umwerfend aus. Ich schau die anderen Männer an. Suche begehrliche Blicke, verstohlenes Stieren. Glotzt ihr nur! Sabbert bloß! Es ist meine Ballkönigin!

Wahrscheinlich hat sich Karl genauso gefühlt mit seiner Steffi, damals auf der Brunnenallee in Bad Wildungen. Als ich mich gefragt habe, was sie wohl mit Karl gemacht hat. Und dass mir die Geschichte ausgerechnet jetzt einfällt, liegt womöglich daran, dass ich mich das auch gerade frage. Was meine Freundin aus mir gemacht hat.

Sie ist die Frau, die mich Gott dafür danken lässt, ein Mann zu sein. Das habe ich ihr in einer schwachen

Stunde zugeflüstert. Sie stellt mich vor als den Mann an ihrer Seite. Ich bin glücklich und stolz. Irgendein Typ – einer ihrer Freunde – haut mir kumpelhaft auf die Schulter. Von wegen »Goldfisch geangelt« und diese Sprüche. Soll offensichtlich witzig sein. *Was findet sie denn ausgerechnet an dem?* Ich höre es förmlich, aber vielleicht bilde ich mir das nur ein. Weil ich mich das ja selbst auch häufig frage.

Ein Saxofon untermalt die Gespräche mit sanftem Jazz, heiteres Gelächter umgibt meine Freundin. Ich stehe hölzern daneben: ein Anhängsel. Kippe ungeschickt Sekt über ein Kleid. Bin peinlich berührt, stammle Entschuldigungen, meine Freundin eilt bereits mit einem Lappen herbei. Sie ist geradezu zum Kotzen perfekt. Es ist nie ein Fleck auf ihrer Bluse, nie fehlt irgendwo ein Knopf, nie ist eine Tintenspur an ihren gepflegten Händen. Während ich mir schon mittags in der Kantine Tomatensoße auf den guten Anzug gekleckert habe. Den hat sie ausgesucht. Frischen Wind in meine Garderobe gebracht, meine Schränke mit mir ausgemistet, *spießig … geht gar nicht … völlig daneben … das ist nicht dein Ernst …* und dann sind wir zum Altkleidercontainer gefahren. Jetzt gehen wir samstags shoppen, das ist ein bisschen wie früher, wenn Mutti mir neue Klamotten kaufte. Aber Geschmack hat sie. Und ich bezahle selbst. Eine britische Untersuchung (wer sonst macht auch so absurde Studien!) hat bei Männern, die ihre Frauen zum Einkaufen begleiten, einen ebenso hohen Stresslevel wie bei Testpiloten ermittelt. Aber was soll ich sagen – sie tut es ja für mich …

Ich sei ein Rohdiamant, hat sie mal gesagt. Das war mir dann doch zuviel! Ich habe sie angeraunzt, dass ich mich gerne in Stilfragen beraten ließe, aber nicht schleifen ... Doch, ich behaupte mich! Es ist nicht so, dass ich in Dankbarkeit erstarre, weil sie mich erwählt hat. Sie wird wissen, was sie an mir hat. Warum sie sich für mich entschieden hat – statt für den k.u.k.-Offizier in weißer Uniform, den ich in meiner Fantasie oft neben ihr sehe. Ich bin ein Romantiker, der rote Rosen schickt und leidenschaftliche Liebesbriefe schreibt. Ich bilde mir ein, einen gewissen Tiefgang zu haben. Aber ich bin halt kein Partylöwe und kein Dressman. Mir sind Äußerlichkeiten eben nicht so wichtig ...

»... wie mir?« ergänzt sie sanft.
»Sorry, war nicht so gemeint!«
»Doch, und du hast ja recht – ich bin nicht deine Mama!«
»Ooooaaaaaahhhhh ...«
»... ich muss mir auch nicht deinen Kopf machen. Es könnte mir egal sein, welchen Eindruck du hinterlässt.«
»Bitte! Es ist gut! Ich habe gesagt, dass es mir leidtut ...«
»Habe ich dich zu irgendwas gezwungen?«
»Pfffffff ...«
»Oder findest du es unter deiner Würde, Hilfe von einer Frau anzunehmen?«
»Nein, natürlich nicht!«
»Dann verstehe ich nicht, was dein Problem ist.«

Ich verstehe es ja selbst nicht. Himmel – ob roh oder geschliffen, ein Diamant ist etwas sehr Wertvolles. Oder?

In meinem Herzen wächst Groll, während ich brav auf die Fragen ihrer alten Freunde antworte. Wie wir uns kennengelernt haben und was ich beruflich mache. Ich gebe mir Mühe, einen guten Eindruck zu hinterlassen. Freundlich, geistreich, souverän. Zugleich wurmt es mich. Dass ich Männchen mache für diese Idioten mit ihrem hohlen Geschwafel über Restaurants, Reisen und Kunst. Vielleicht will ich sie auch gar nicht mögen. Meine Freundin ist in ein intensives Gespräch mit dem Künstler vertieft. Große Gesten, viel Lachen, Berührungen. »Trink nicht so viel, Senzel!«, ermahne ich mich. Eine ihrer ältesten Freundinnen erzählt eine Posse vom Ex meiner Liebsten; eine weitere älteste Freundin ergänzt die Details. Ich verstehe die Pointe nicht, lächle aber wissend. »Nein«, sage ich so laut, dass auch der Künstler und meine Freundin es hören müssen, »die Bilder auf dieser Vernissage sagen mir gar nichts, und ich würde mir keins davon ins Wohnzimmer hängen.« Einen klitzekleinen Moment lang betretenes Schweigen, aber wirklich nur einen klitzekleinen, dann schwillt das Hintergrundgemurmel wieder an. Die Frau, die mich Gott danken lässt, ein Mann zu sein, legt dem Künstler besänftigend die Hand auf den Arm, kommt herüber zu mir. Ist verärgert: »Vielleicht solltest du nicht so viel trinken!« Aber ich bin es leid, mir von ihr sagen zu lassen, wie ich mich zu verhalten habe …

Auf der Rückfahrt im Auto versuche ich mehrmals, ein Gespräch zu beginnen, aber sie lässt mich ins Leere laufen. Ich spüre, dass sie innerlich kocht und warte angespannt auf den Ausbruch. Ich habe während des Abends eine ganze Reihe von unpassenden Bemerkungen gemacht. Mich ein wenig in Rage geredet. Über die geistige Verwandtschaft von Gartenzwergbesitzern und Prosecco schlürfenden Vernissagebesuchern schwadroniert. Unter anderem!

»Das war ziemlich rücksichtslos mir gegenüber«, sagt sie unvermittelt in das Schweigen hinein, »manchmal frage ich mich, ob du mich wirklich zu schätzen weißt.« Ich verkneife mir eine patzige Antwort. Meine Güte, was habe ich denn getan? Ein bisschen Schwung in diese blasse Bude gebracht, den Langweiler-Laden ein wenig aufgemischt … Nein, ich muss mir das nicht schönreden! Es war eine Scheißnummer. Es waren ihre Freunde, und ich habe meine Liebste blamiert. Das geht gar nicht! Ich wäre auch stinksauer, wenn sie bei meinen Kumpels irgendeine peinliche Show abgezogen hätte. Und die mich dann fragten, was ich da denn für eine angeschleppt hätte. Oder es vielleicht auch nur dächten. Aber das würde sie natürlich nie tun. Sie hat sich im Griff, sie ist ziemlich perfekt. Wahrscheinlich hat sie sich für mich entschuldigt … *Ach wisst ihr, er hat das alles nicht so gemeint. Er ist ansonsten ein feiner Kerl, wirklich* … Keine Ahnung, was mich geritten hat. Wo diese ungeheure Wut im Bauch herkommt. Diese Lust, ihr eine reinzubrezeln. Ich war wahrscheinlich als Einziger völlig betrunken. Wie peinlich.

Wenn du so mit Schämen beschäftigt bist, übersiehst du leicht die wesentliche Frage: Wieso bringt sie dich so in Rage? Irgendwie fühlte ich mich ihr ausgeliefert. *Vielleicht liebe ich sie – aber ich mag sie nicht mehr,* schrieb ich in mein Tagebuch. Ich reflektierte ihren Glanz, aber zugleich schrumpfte ich neben ihr.

»Warst du mal mit ihm zusammen?«, frage ich.

»Mit wem?«

»Dem Künstler!«

Sie lacht: »Meine Güte, du bist ja eifersüchtig …«

Ich müsste jetzt einfach nur »Ja« sagen, und sie wäre versöhnt. Aber ich gönne ihr den Triumph nicht. Lache, es soll hämisch klingen: »Auf *den*? Sicher nicht!«

»Red bitte nicht so über meine Freunde. Guntram ist ein sehr kluger, sensibler und kultivierter Mensch!«

Klar. Und ich bin ein Höhlenmensch. Wieso ist sie überhaupt noch mit mir zusammen?

Das steht so auch in meinem alten Tagebuch. Ich war jahrelang ein eifriger Schreiber. Einen ganzen Haufen von Kladden, Ringbüchern und Schulheften habe ich vollgeschrieben. Versprach mir Klarheit, wenn ich dem Gedanken- und Gefühlswirrwarr eine Struktur gab. Die entscheidende Frage suche ich vergeblich: Wieso bin ich mit ihr zusammen?

Sie holt mich mit ihrem Cabrio im Funkhaus ab, wir stehen vor der geschlossenen Schranke, sie hupt. Ein Mal, zwei Mal, drei Mal – nichts passiert. Sie steigt aus, stürmt furiengleich das Pförtnerhäuschen, ihre scharfe Zurechtweisung ist unüberhörbar. Sie kommt wieder raus, der Mann vom Sicherheitsdienst hinterher. Er ist schon alt und ein bisschen vertrottelt. Stammelt Entschuldigungen, redet beflissen auf sie ein, aber sie ignoriert ihn nun komplett. Mein Herz sagt in diesem Moment laut und deutlich:»Nein!«. Drängt mich, einfach auszusteigen und wortlos zu gehen. Aber dann sitzt sie schon wieder neben mir. Grußlos, mit quietschenden Reifen, rast sie am Pförtner vorbei, der sich noch einmal devot verbeugt. Ich drücke mich tief in den Beifahrersitz, es ist mir peinlich. »War das nicht ein wenig – unangemessen?« frage ich so ruhig wie möglich. Mir liegt etwas Schärferes auf der Zunge, aber sie ist auf dem Kriegspfad, ich will sie nicht reizen. Will keinen Streit. Sondern, dass sie ihr schlechtes Benehmen bedauert. Dass sie einfach nur einsieht, dass sie Scheiße ist. Werde in den Gurt gepresst, als sie hart auf die Bremse tritt, mich mit Tränen in den Augen anschaut: »Wieso musst du mir immer in den Rücken fallen? Wieso kannst du nicht einfach mal zu mir stehen? Fragen, wie es mir geht? Wieso machst du dir mehr Gedanken um den blöden Pförtner als um deine Freundin?!« »Nein«, denke ich, »du hast keinen Stil, keine Klasse, überhaupt nicht.« Es irritiert mich, wie tief mich das befriedigt. Ich sammle Munition gegen sie. Gründe, warum sie längst nicht so großartig ist, wie sie glaubt. Ich wünsche mir die Kraft, sie zu verlassen – und habe panische Angst, dass sie mich verlässt.

Als sie es dann tut, kann ich mir vorübergehend sogar vorstellen, Kinder mit ihr zu haben. Irgendjemand hat die Dias in meinem Erinnerungs-Projektor gewechselt. Oder einen rosa Filter eingeschoben. Klein und unzureichend habe ich mich oft neben ihr gefühlt. Aber jetzt löse ich mich auf, verliere die Konturen, werde unsichtbar.

Überall fragen sie mich, wo ich denn meine schöne Freundin gelassen habe, ich sage:»Wir sind nicht mehr zusammen.« Mitfühlendes Schulterklopfen:»Gib mir doch mal ihre Telefonnummer, hahaha!« Ich habe sie nicht halten können, es nicht gebracht. Sie hat einen anderen; irgendjemand erzählt mir von ihrer Verlobung – ein großes Fest, alles oberste Schublade.

Zufällige Begegnung in einer Bar. Ich mit einem Kumpel, sie mit ihrem Neuen. Dem k.u.k-Offizier. Was für ein geschniegelter Idiot – aber sie war eigentlich schon immer ein Prinzesschen.»Mit *der* warst du mal zusammen?!«, fragt mein Kumpel. Ich höre die Bewunderung in seiner Stimme. Hätte er mir wohl nicht zugetraut, so einen Goldfisch, aber ich Idiot musste ihn ja von der Angel lassen. Die Frau, die mich Gott danken ließ, ein Mann zu sein, liegt jetzt in den Armen eines anderen. Jeden Abend vor dem Einschlafen stelle ich es mir vor. In allen Einzelheiten.

Wenn sie damals zu mir zurückgekehrt wäre, hätte ich sie mit offenen Armen empfangen. Sie womöglich geheiratet, ein Haus gekauft, eine Familie gegründet. Vielleicht hätte ich sie auch irgendwann verlassen: eine andere Frau, eine schmutzige Scheidung. Oder Resignation wegen der Hypothek, Seitensprünge, Krieg. Vielleicht hätte ich auch ein Jugendbild von ihr im Zimmer hängen. Postergroß, sie hat es mir zum Geburtstag geschenkt, sich malen lassen von ihrem Künstlerfreund. Damals hat mich die Symbolik sehr berührt: Sie schenkt sich mir … Später fand ich es nur noch selbstgefällig und eitel.

Und wenn ich noch mir ihr zusammen wäre, säße ich heute womöglich da und registrierte unbarmherzig die Bitterfalten um ihren Mund, die Jahr für Jahr tiefer werden. Weil sie damit hadert, dass sie sich bei mir unter Wert verkauft hat. Und fragte mich, was bleibt von meiner Ballkönigin? Und warum ich damals an der Schranke, als sie den Pförtner zur Sau gemacht hat, nicht auf meinen Bauch gehört habe. Nicht einfach ausgestiegen und wortlos weggegangen bin.

Irritierend, wie viel Geringschätzung ich einer Frau entgegengebracht habe, mit der ich zusammen war. Als missmutiges Prinzesschen habe ich sie beschimpft in meinen Tagebüchern: *Andere Menschen interessieren sie nur als Claqueure. Eine Ballkönigin musst du anbeten, ihr Ego streicheln. Männliche Bewunderung ist ihre Währung.* Am Anfang hab' ich ihr reichlich davon gezollt. Aber später wurde es verdammt anstrengend, dieses Niveau zu halten. Und natürlich habe ich ihr misstraut. Dass sie sich gar nicht für mich interessiert, sondern bloß ihre Eitelkeit an mir stillt. Dass ich ihr irgendwann nicht mehr genügen würde ... Sie war es gewohnt, dass sich die Männer darum rissen, ihr gefällig zu sein. Sonnte sich in ihrer Bewunderung, aber zugleich schien sie die Männer auch ein bisschen zu verachten. Investierte viel Zeit und Mühe in ihre Erscheinung – und beklagte sich zugleich darüber, auf Äußerlichkeiten reduziert zu werden. Und natürlich argwöhnte sie, dass auch ich nicht in erster Linie an ihrem Wesen interessiert war. Eigentlich haben wir uns gut ergänzt, der Trophäenjäger und die Ballkönigin. Die Frau, die mich Gott danken ließ, ein Mann zu sein.

Ich habe oft Sex mit Liebe verwechselt. Mich nach einer leidenschaftlichen Nacht unsterblich verliebt. Weil mir der Zugang fehlte zu meinem Herzen und meiner Seele – und Sex das Einzige war, bei dem ich mich überhaupt selbst gefühlt habe. Viele Männer verklären Sex. So wie sie fast alles irgendwie romantisch verklären. Tausend Arbeitsstunden in einen Oldtimer investieren, der sie nicht ein einziges Mal pannenfrei ans Ziel bringt. Sie haben schon als Jungs von diesem Jaguar geträumt und machen sich wenig Gedanken, wie er sich fahren wird – sie wollen das Teil einfach haben. Männer denken oft nicht über den Moment der Eroberung hinaus. Und zwar testosteronstrotzende Jünglinge genauso wie ältere Jahrgänge, offenbar hört das ja nie auf. Viele reife Herren machen sich lächerlich mit peinlichen Affären und zeugen Kinder mit Frauen, deren Opa sie sein könnten. Und wozu? Weil es ihnen wirklich Spaß macht, als Rentner in 'ner Disco rumzuhopsen? Eine Viagra einzuschmeißen und den wilden Hengst mit Hängearsch zu spielen? Wahrscheinlich hat es weniger mit dem Trieb zu tun als mit Eitelkeit. Denn es ist ja kaum hormonelle Verwirrung, die einen greisen Millionär in die Ehe mit einem 20-jährigen Unterwäschemodel treibt. Die anderen sollen bloß *denken*, er hätte noch wilde Nächte. Er sei immer noch das Alpha-Tier, das die Ballkönigin ins Bett kriegt. Obwohl Alpha-Rüde zu sein im Grunde bloß für Rudeltiere wirklich interessant ist.

Aber ich will jetzt gar keine fetten Steine aus dem Glashaus werfen. Ich fand es ja auch göttlich, mit meiner Ballkönigin bei einer Party anzurauschen. Ein Restaurant zu verlassen und die verstohlenen Blicke der anderen Männer zu spüren, die dort schweigend saßen – mit ihren langweiligen Ehefrauen. »Nun glotz dir mal nicht die Augen aus!«, zischt sie ihn an, aber er winkt bloß gleichmütig ab: »Ach die – die ist doch billig ...« Träum weiter, Junge, du kannst dir ja vorstellen, was diese sexy Frau und ich jetzt gleich in unserem Hotelzimmer miteinander tun werden ... Meist haben wir uns über irgendeinen Scheiß gestritten.

Kurz nach meinem vierzigsten Geburtstag erlitt ich einen Zusammenbruch und kam mit einer schweren Depression in eine psychosomatische Klinik. »Klapse« sagte ich abfällig, denn ich empfand die Krankheit als tiefe Demütigung. Nicht stark genug gewesen zu sein, versagt zu haben. Mein Therapeut sagte, ich sei auch wertvoll, wenn ich schwach sei. Ich glaubte das nicht. Spielte Spielchen mit ihm, führte Scheindispute, Machtkämpfe – um meine Selbstachtung zu retten.

Wieso ich das Leben eigentlich immer nur in Kategorien wie »gewinnen« oder »verlieren« einteilte, fragte mich mein Therapeut. Und da fiel er mir wieder ein – der Spruch: »Ist doch ganz klar: Der Sieger fickt die Ballkönigin!«

Worauf er gelassen antwortete: »Ob er damit in jedem Fall die beste Wahl trifft, ist eine andere Frage – oder?«

»Eine schöne Frau, das ist eine Tyrannei von kurzer Dauer.«
Sokrates

Zwei langweilige Alte

Prinzessin Diana oder Camilla Parker-Bowles – mit wem hätten Sie lieber geschlafen? Für die meisten Männer ist die Antwort klar. Für Prinz Charles auch! Aber eben andersrum. Er hatte einen Männertraum im Himmelbett und sehnte sich nach dem Rottweiler. »Schönheit liegt im Auge des Betrachters«. Wenn du einem Menschen nah bist, ist er für dich schön. Aber es braucht Selbst-Bewusst-Sein, um sich für jemanden zu entscheiden, den alle anderen hässlich finden. Die wahre Geschichte einer in meinen Augen ganz großen Liebe.

Wie viele Hektoliter Tränen vor den Millionen Fernsehgeräten wohl vergossen wurden, als die schüchterne Schöne ihr »Yes, I will« hauchte. Als sie der Prinz mit einer goldenen Kutsche heimführte in sein Schloss. Ein Prinzchen wird geboren und dann noch eins, es ist ein Märchen aus Tausendundeiner Nacht. Nein, eher Gebrüder Grimm, aber in jedem Fall eine tolle Show. In Wahrheit ging dem Thronfolger seine Ballkönigin sehr schnell ganz mächtig auf den Keks. Man muss ihm zugutehalten, dass er sie nicht geheiratet hat, weil er sie für sein Ego brauchte. Sondern weil er den Untertanen seiner britannischen Majestät eine passende Königin in spe schuldig zu sein glaubte. Weil er eine resolute Mutter im Nacken hatte. Und weil seine wahre große Liebe Camilla einfach nicht reinpasste in so eine Seifenoper vom Prinzen und der schönen jungen Prinzessin.

Sie kann einem schon leidtun, diese schöne, zarte Prinzessin, die so bitter enttäuscht wurde in dieser riesengroßen Lügengeschichte. Die immer wieder Liebe suchte – und nur benutzt wurde von Männern, die ihre Eitelkeit an ihr stillten. Sie als Trophäe präsentierten, wie dieser widerwärtige, schmierige Rittmeister, der zu Recht bis heute im ganzen Königreich geächtet wird. Aber noch sitzt Diana im Palast bei ihrem Prinzen. Charles telefoniert heimlich mit seiner alten und einzigen Liebe Camilla, der Geheimdienst hört mit beim albernen *Dirty Talk*, das Königreich spottet über »Prinz Tampon«. »Schade um das schöne Essen«, sagt er – für alle hörbar – beim Bankett zu seiner bulimiekranken Frau. Die Verachtung ist tief, das Klima frostig im Kensington Palace. Diana weint sich aus bei ihrem Schwiegervater, und Philip sagt, was wohl die meisten Männer denken: » Ein Mann, der dich wegen Camilla verließe, kann nicht bei Trost sein.« Aber hier irrt der Herzog von Edinburgh. Sein Sohn zieht Camillas Faltengesicht der bezaubernden englischen Rose vor.

»Da waren drei in unserer Ehe; sie war
ein bisschen überfüllt.«
Diana, Princess of Wales

Am Ende war es Charles völlig egal, was die Leute sagten. Weil Camilla sein Herz berührte. Weil die nicht lachte über den Sonderling, der mit Bäumen und Blumen sprach. Sondern sich die Gummistiefel anzog und mit ihm durchs Hochmoor wanderte, statt ihn auf Cocktailpartys zu zerren. Sie waren sich nahe, das zählte für ihn mehr als Eitelkeit. Camilla und Charles sind wahre Helden der Liebe.

Vor allem sie hat tapfer eine Menge weggesteckt an Hohn und Verachtung. Hat nicht einen Augenblick gezweifelt, dass das Herz dieses verschrobenen Sonderlings allein ihr gehört. Wie hasenfüßig und verdruckst auch immer er sich lange Zeit benommen hat. Aber am Ende trotzte er sogar seiner Mutter, der Queen, und sagte, dass er zum Empfang für den russischen Präsidenten nicht erschiene – wenn er Camilla nicht mitbringen dürfte. Und am Ende hat er sie zum Traualtar geführt. Allen Widerständen im Königreich und dem Schatten der übermächtigen Diana zum Trotz. Obwohl sich anfangs alle unglaublich aufregten, weil Camilla als Frau eines Königs dann ja auch mal Königin wird. »Zwei langweilige Alte heiraten – na und?« kommentierte die englische Zeitung »The Guardian« die Aufregung auf der Insel. Aber was heißt hier »na und«? Es bedeutet viel, wenn die Liebe aus dem Stadium der Märcheninszenierung herauswächst. Wenn zwei Menschen einfach nur ihren Gefühlen folgen. Liebe braucht letztlich keine goldenen Kutschen und schönen Prinzessinnen, sondern mutige und starke Herzen.

Die Tränen der Männer und das Ende der Cellulitis

»Ihr Männer könnt eure Gefühle nicht zeigen. Redet nicht über Probleme. Zieht euch zurück.« Noch was? *Ja, meint ihr denn, wir finden das alles immer nur toll, was ihr Frauen so macht und wie ihr an die Dinge herangeht? Aber wir haben natürlich auch nicht so die Ahnung von Gefühlen wie ihr. Seele und Emotion sind nun mal weiblich – mmer schon gewesen. Vielleicht sind wir auch einfach zu faul, um nach unserem Männerherzen zu suchen. Es wird Zeit, dass auch wir Männer uns endlich emanzipieren. Dass es uns ein bisschen gleichgültiger wird, was die Frauen wollen. Weil wir ein bisschen besser wissen, wer wir sind. Und was wir zu bieten haben in der Liebe.*

Die Hymne meiner Generation. Im 3er BMW mit einem Kumpel über die Landstraße gebrettert, die Grönemeyer-Kassette im Radiorecorder und aus Leibeskräften mitgegrölt. Wir mochten die Ironie – und das trotzige Bekenntnis, das sie verbarg. *Männer* mitzusingen war Befreiung. War das Anti-Lied zu Ina Deter – der allgegenwärtige Ruf nach den neuen Männern nervte. Was war denn so falsch an uns? Wir fühlten uns gut getroffen von Grönemeyer. In unserer Zerrissenheit und Suche. Wann ist ein Mann ein Mann? So viele Lieder, Bücher und Filme über diese Frage. Was wollen wir? Wer sind wir? »Wir sind die Generation Männer, die von Frauen erzogen wurden«, sagt Brad Pitt als Tyler Durdon in *Fight-Club*, »glaubst du, dass eine weitere Frau das Problem lösen würde?!« Auch da konnten die meisten Männer aus vollem Herzen zustimmen. Obwohl – oder vielleicht weil – sie ihr ganzes Leben lang genau das Gegenteil taten. Alle Probleme immer mit Frauen lösen wollten. Eine neue Retterin suchten, kaum dass der Möbelwagen der Ex um die Ecke gebogen war. Irgendwie hat sich in meinem ganzen Leben alles immer nur um Frauen gedreht. Manche habe ich geliebt. Mit anderen war ich zusammen, weil es sich so ergeben hat. Weil es passiert ist.

Und das alles, weil meine Mutter mich erzogen hat? Kann das sein? Viele Kindheitserinnerungen habe ich jedenfalls nicht an meinen Vater: In den Ferien fuhr die Familie mit dem Auto nach Tirol oder Jugoslawien; ab und zu besuchten wir am Wochenende langweilige Onkel und Tanten; und manchmal führte Vater die Familie zum Essen ins Restaurant. Ein Mal ist er mit seinen Söhnen wandern gegangen. Mit meinem Alltag als Kind hatte er nichts zu tun. Meine Mutter hat mich getröstet, wenn ich mir die Knie aufgeschlagen hatte oder von Älteren verdroschen worden war. Hat mir vorgelesen, das Essen gekocht, Vater auf die verhauene Mathearbeit vorbereitet, mit meinen Lehrern gesprochen.

Sie hat auch sein Leben gemanagt: Hemden gebügelt, Krankenscheine ausgefüllt, mit Handwerkern verhandelt. Ich hatte nur eine ganz vage Vorstellung von der Arbeit meines Vaters – aber sie muss anstrengend und wichtig gewesen sein, denn er war müde und brauchte Ruhe, wenn er heimkam. In allen Familien, die ich kannte, war das so. Als einer meiner Studentenfreunde nach einem Autounfall schwer verletzt ins Krankenhaus kam, reiste seine Mutter mit dem Zug an. Das Auto fuhr nur der Vater, und der hatte wegen wichtiger Termine keine Zeit. Die Männer hielten sich komplett raus aus dem Privaten. Vom richtigen Leben mit seinem Alltag hatten sie keine Ahnung; trotzdem waren sie die Bosse.

Bei Kriegsende war mein Vater neun, er kann sich noch an Fliegeralarm und Bombennächte erinnern. An Not und an Angst. Seine Mutter floh mit ihm durch das brennende Gießen. Sein Vater, mein Großvater, kämpfte an einer fernen Front bald nach seiner Rückkehr aus der Kriegsgefangenschaft starb er an einem verschleppten Nierenleiden. Mein jugendlicher Vater war mit seiner Mutter allein. Welche Männer-Generation wurde denn nicht von Frauen erzogen?

Immerhin war sein Weg klar. Die Frage, ob er alles anders machen wollte als sein Vater, stellte sich ihm nicht. Beruf ergreifen, heiraten, Familie gründen und für sie sorgen – das war auch noch in den Fünfzigerjahren der einzig vorstellbare Lebensentwurf für die meisten jungen Männer. Sex vor der Ehe war nicht vorgesehen, ein uneheliches Kind eine große Schande; Schwule machten sich strafbar.

Ich dagegen wuchs in nahezu grenzenloser Freiheit auf. Ohne dafür kämpfen zu müssen. Ich war der kleine Bruder der 68er. Nicht mal Rebellion verband mich mit der Welt meines Vaters. Wahrscheinlich gab es selten in der Geschichte einen solchen Bruch zwischen den Männergenerationen. Es war klar, dass ich nicht so werden wollte wie mein Vater – keiner aus meiner Generation wollte das. Aber wieso kämpfte ich dann so verbissen um seine Anerkennung? Wieso war es mir wichtig, dass mein Vater stolz auf mich war – statt dass ich einfach mein Ding gemacht hätte?

Als ich von der Lokalzeitung zum Radio wechselte, als ich zum ersten Mal moderierte, selbst als ich mit Mitte 40 Korrespondent in London wurde: Mein Vater erfuhr es als Erster. Journalist zu werden, war sein Lebenstraum – aber er kam aus einer ehrbaren Kaufmannsfamilie, und da galten Reporter als ebenso seriös wie Zirkusclowns. Deshalb wurde er auch Kaufmann. Sein Sohn wurde Journalist. Zufall? George W. Bush wurde Präsident, weil er seinem Vater etwas beweisen wollte – obwohl er als Gouverneur in Texas viel glücklicher gewesen war. Und mit dem Sturz Saddam Husseins hat er vollendet, was seinem Vater im ersten Golfkrieg nicht gelungen war.

Gerade habe ich das Buch *Leben oder gelebt werden* von Walter Kohl gelesen. Über den Vater, der nie da war, »seine wahre Familie war die Partei«. Der gescheiterte Versuch eines späten klärenden Gesprächs, das ständige Bemühen um väterliches Lob. »Das kann's ja wohl nicht gewesen sein«, sagt der Kanzler, als ihm der Sohn stolz sein winziges Büro in einer New Yorker Bank zeigt. Ob Walter Kohl wohl hofft, dass sein Vater das Buch liest? Ihn versteht? Es ihm leidtut? Oder ob er es ihm bloß heimzahlen will? Der Junge, der nicht mehr nur »der Sohn vom Kohl« sein mochte. Und mit dieser öffentlichen Abrechnung gezeigt hat, dass er genau das geblieben ist – bis heute.

»Ich habe meinem Vater irgendwann gesagt: Du bist jetzt 75 und ich 46 – lass uns aufhören mit dem Theater.« So hätte ich das vielleicht auch anfangen sollen, denke ich, als mir mein Kollege vom späten Gespräch mit seinem Vater erzählt. Bei meinen Gesprächsversuchen geriet ich mir meist mit meinem Vater in die Haare. Fühlte mich selbst mit über 40 hilflos und wütend wie ein kleiner Junge. Immer noch sein Kind, das nur sich selbst und seine Wünsche und Verletzungen sieht. Was das gute

Recht eines Kindes ist, weil es seinen Eltern ausgeliefert ist. Aber ich habe längst ein eigenes Leben und könnte ein bisschen gnädiger sein. Weil es keine Rolle mehr spielt, was schiefgelaufen ist. Was ich nicht bekommen habe. Weil er vieles nicht wusste, was ich heute weiß. Wer weiß, was ich alles falsch mache bei meinen Kindern, obwohl ich alles richtig machen will. Und womöglich fühlt sich mein Vater bei unserem Gespräch genauso hilflos und unsicher wie ich. Weil sein Kind ein Mann geworden ist, der ihn herausfordert. Ich könnte zumindest würdigen, dass er mir nie seine Anerkennung versagt hat. Vielleicht war Stolz sein Ausdruck von Liebe. Der Dritte in unserer morgendlichen Männerrunde hat seinem Vater einen Brief geschrieben. Wir sind drei Arbeitskollegen, rauchen zwischen zwei Konferenzen eine Zigarette vor der Funkhaustür. Drei Männer um die 50 – längst selbst Väter, einer Großvater –, und unsere Väter haben uns noch immer nicht losgelassen.

»Dass man sich als Frau für jeden Penis, den man aufrichtet, verantwortlich fühlt, den auch wieder kleinzukriegen.«
Svende Merian, *Der Tod des Märchenprinzen*, 1981

Der Tod des Märchenprinzen war ein Kultbuch und Liebe Frontgebiet, als ich zum Mann heranwuchs. Du kriegst es heute bei Amazon nur noch gebraucht: für 1 Cent plus Versand. Anke Engelke in der Parodie einer Feministin – so liest sich das. Sie führen ständig hochideologische Diskussionen. Weil sie ja eher beim KBW – dem Kommunistischen Bund Westdeutschlands – engagiert ist und er bei den Anti-AKWlern, was sie ein wenig nachdenklich macht, weil die in der Frauenfrage keine Position haben.

Sie überlegt, wie sie ihren Liebsten dazu bringt, sich einer harten Diskussion zu stellen. Es misslingt. Er bringt sich nicht ein in die Verhütungsfrage. Verpisst sich ganz. HIER WOHNT EIN FRAUENFEIND sprüht die Autorin ihrem gesellschaftlich zurückgebliebenen Ex-Lover am Ende ans Fenster. Das kann man als Aufschrei gegen die gesellschaftlichen Verhältnisse sehen – vielleicht ist es aber einfach nur die hilflose Rache einer tief verletzten jungen Frau, deren Traumprinz sich als ziemlich hässliche Kröte erwiesen hat. Die traurige Liebesgeschichte einer Frau, die sich in den falschen Typen verliebt hat.

Der Graben zwischen den Geschlechtern war jedenfalls tief. Im Fernsehen diskutierten Männer mit langen Koteletten und breiten Krawatten und Frauen mit Balkenlidstrich über Gleichberechtigung, guten und schlechten Sex, das Recht der Frau auf den Orgasmus. Dazu wurde eine Unmenge an Zigaretten geraucht. Die Frauen wollten keine Objekte mehr sein, begegneten uns Männern aggressiv und kämpferisch. Die sexuelle Revolution der 68er wurde als Werk notgeiler Frauenfeinde entlarvt.

In diesen emotional aufgeladenen Zeiten war ich aus der nordhessischen Provinz nach Frankfurt gezogen. Hatte als junger Nachwuchsreporter beim Hessischen Rundfunk angefangen. Joschka Fischer wurde als erster Grüner Minister in Turnschuhen vereidigt; eine ganze Region demonstrierte gegen die Startbahn West. Es gab Frauencafés und Frauenbuchläden, einmal saß Alice Schwarzer am Nebentisch im Restaurant, als ich mit meiner Freundin essen ging.

Meine Freundin war zehn Jahre älter als ich und Redakteurin. Sie verdiente mehr; es störte mich nicht. Ich fühlte mich als durch und durch emanzipierter Mann. Aber womöglich machte ich mir etwas vor – meist waren wir bei ihr zu Hause. Da war es gemütlicher: Der Kühlschrank war voll, die Betten frisch bezogen, und meistens kochte sie was Leckeres. Wenn ich erkältet war, brachte sie mir Halstabletten aus der Apotheke mit. *Eine John Player braucht fünf Züge, um fertig zu sein, eine Frau drei Männer*, schrieb mir meine Freundin, als ich sie verließ. Ich war angemessen beschämt. »Jede Penetration ist eine potenzielle Vergewaltigung«, sagte Alice Schwarzer. Es war viel Wut im Spiel. Aber die Frauen hatten ja auch eine Menge nachzuholen. Die Männer hatten sie über Jahrhunderte wie unbezahltes Hauspersonal behandelt, ihnen Bildung und gute Jobs vorenthalten. Sie nicht ganz für voll genommen. Davon hatten sie nun die Nase gestrichen voll.

Ich stand eindeutig auf der Seite der Frauen. Es war ja offensichtlich, dass die Verhältnisse ungerecht waren. Und es dafür keinen vernünftigen Grund gab. Jedenfalls für die meisten Männer meiner Generation. Wir wollten doch nicht ernsthaft Frauen zu Hause haben, die unseren Müttern glichen. Wir gingen mit Mädchen zur Schule, die viel gescheiter waren als Jungs. Erlebten Ärztinnen, Lehrerinnen und Polizistinnen mit Pistole an der Hüfte. Als Volontär bei der Lokalzeitung hatte ich eine Chefin; Margaret Thatcher war britische Premierministerin.

Die Frage, ob Frauen genauso leistungsfähig sind wie Männer, habe ich mir nie gestellt. Die alten Säcke mit ihren dummen Sprüchen – etwa, dass Emanzen bloß zu hässlich wären, um einen abzukriegen – waren nur noch peinlich. Sie versauten unsere Gesamtwertung. Nur: Heimlich haben wir doch gelacht über blöde Witze wie diesen: *Ich hab' nichts gegen die Frauenbewegung ... wenn sie schön rhythmisch ist.* Weil dieser ganze schrille Geschlechterkampf auch einem gutwilligen Mann zuweilen – mit Verlaub – gewaltig auf die Eier gehen konnte. Ich verstand, dass die Frauen dicke Bretter bohren mussten – aber warum musste ich das ausbaden?! Mich ständig anfeinden lassen und rechtfertigen. Ich war eindeutig kein Frauenfeind, ich fühlte mich nicht angesprochen. Das alles ging mich im Grunde doch gar nichts an. Und es interessierte mich, ehrlich gesagt, auch nicht wirklich.

Wann ist ein Mann ein Mann? Das hat mich viel mehr beschäftigt. Denn natürlich war ich verunsichert. Natürlich wollte ich ein »guter Mann« sein. Offen, zugewandt, sanft – so wie sich Frauen ihre neuen Männer halt wünschten. Sie hatten da klare Vorstellungen – wir eher nicht. Wir haben uns eingeschleimt, damit sie uns doch noch mit in ihre Betten nahmen. Wir hauten nicht mehr auf den Putz, sondern gaben uns zerknirscht. Änderten die Taktik und gründeten Männergruppen. Beziehungsweise ließen sie gründen.

»Anfang dieses Jahres haben wir uns getroffen, aber das ging weniger von uns Männern aus als von den Frauen, zu denen wir eine Beziehung haben oder hatten. Die Frauen kamen auf die Idee, dass es gut wäre, eine Männergruppe zu machen – Gelächter –, und die haben das dann terminlich und so weiter organisiert.«
Wolfgang Müller, *Männerbilder*, 1982

Wir warfen mit Freuden die alten Männerbilder über Bord, weil uns die Frauen dafür Beifall klatschten. Kuschelten, weinten und hechelten beim Geburtsvorbereitungskurs. Wollten wir das denn? Keine Ahnung – es war ja nicht unsere Idee! Wir haben endlos gelabert über unsere Probleme und Befindlichkeiten. Wollten wir das? Keine Ahnung, es war ja nicht unsere Idee! Wir haben das einfach mal so akzeptiert, dass man über Gefühle reden muss. Statt uns zu fragen, ob wir damit unserem Männerherzen wirklich näherkamen. Ob diese Ausdrucksform unserem Wesen entsprach. Wir waren überzeugt: Frauen kannten sich mit Gefühlen einfach besser aus, weil sie immer schon die emotionale Deutungshoheit hatten. Gefühle sind nun mal weiblich. So wie sie das schon immer waren.

Auch wenn über die Jahrhunderte hinweg vorwiegend Männer über Gefühle schrieben: Minnesang, Barock, Sturm und Drang, Romantik – beinahe die gesamte Liebesliteratur wurde von Männern verfasst. Sie handelt von Männern und ihrem Bemühen, erhört zu werden. Männer hatten die Macht, Männer schrieben Bücher – aber ob es zur Paarung kam, bestimmte das Weib.

Wie in der Natur. All die völlig unpraktischen Dinge –
ein mächtiges Geweih im dichten Tann, ein Pfauenrad
oder ein Porsche – das alles nur, um Frauen zu beeindrucken.

Eine eigene männliche Gefühlswelt zu entwickeln,
war für das Liebeswerben nicht nur überflüssig, sondern
geradezu hinderlich. Um bei der Balz erfolgreich zu sein,
muss ich weibliche Erwartungen erfüllen – das lernt jeder Minnesänger im Grundkurs.

»Der Mann ist sexuell und sozial ein Idiot.«
Volker Elis Pilgrim

Mit der Gleichberechtigung kam die Chance, Liebe auf
ein neues Fundament zu stellen. Vermutlich war es die
größte gesellschaftliche Umwälzung der Geschichte.
Durchgreifender als die amerikanische Unabhängigkeit,
die Französische Revolution und die Mondlandung, die
allesamt von großen Männern angeführt wurden, deren
Frauen ihnen das Essen kochten. Es war die Revolution
des Privaten. Die klassische Familie verlor ihre Exklusi-
vität, überkommene Rollenmodelle lösten sich auf. Die
Art und Weise, wie Frauen und Männer miteinander
umgehen, ihre Kinder erziehen, taufen lassen oder nicht,
Aufgaben verteilen – all das wurde Verhandlungssache.
Nicht länger bestimmen eine festgefügte Ordnung und
starre Moral unser Leben, sondern individuelle Neigun-
gen und Vorlieben. Niemals zuvor in der Geschichte hatten Menschen mehr persönliche Freiheit. Männer *und*
Frauen.

Wir Männer hatten an diesem Prozess keinen allzu großen Anteil. Wir haben nachgegeben. Wie man einem Kind gegenüber nachgibt, um seine Ruhe zu haben. Sind einfach einen Schritt beiseitegetreten und haben die Frauen vorbeilaufen lassen. Haben getan, was wir immer schon getan haben, wenn es um Gefühle geht: weibliche Erwartungen erfüllt. Frauen waren kompetenter in Gefühlsdingen, das gaben wir gern zu. Der Trick ist, das einfach nicht ganz ernst zu nehmen – dann kratzt Ahnungslosigkeit nicht am Ego. Wir haben den Frauen gerne Herz und Schmerz überlassen, weil wir schließlich Wichtigeres zu tun hatten.

Frauen werden Kanzlerin – aber Männer keine Familienminister.»Gedöns« hat Kanzler Schröder das mal genannt. Als Mann willst du dich um Geld, Soldaten oder Terroristen kümmern und mit dem US-Präsidenten zu Abend essen. Klar, Mädchen mussten stärker gefördert, die Rolle von Müttern und Vätern sowie die Rechte der Familie völlig neu definiert werden. Sehen wir ein – und ihr habt da sicher Ideen. Macht mal!

Alle Veränderungen und Reformen für das Miteinander der Geschlechter wurden von Frauen angestoßen. So wie sie das Familienleben im Privaten immer noch weitgehend bestimmen. Geburtstage organisieren, die Kita aussuchen, der Nachbarin Blumen bringen, die sich im Urlaub um unsere Post kümmert. Und den Briefkastenschlüssel. Wir verweigern uns ja nicht: Wenn sie uns sagen, dass wir den Mülleimer rausstellen sollen, tun wir das. Wir kommen bloß nicht von selbst auf die Idee. Wir haben andere Sachen im Kopf.

Aber wir teilen natürlich gern die Macht mit euch. Verkneifen uns plumpe Anmache und dumme Machosprüche. Hauen nicht mehr auf den Tisch. Zeigen unsere weiche Seite. Wechseln Windeln. Wir haben doch alles gemacht, was ihr wolltet! Aber nun ist es auch wieder nicht recht: Die Frauen sind trotzdem unzufrieden. Allerorten beklagen die Feuilletonistinnen den verweichlichten Mann. Den Mann in der Krise. Gut, das war er schon vor 30 Jahren. Viele Männer meiner von der Frauenemanzipation geprägten Generation sind verantwortungslose, egozentrische Weicheier. Aber die jungen Frauen und Männer von heute sollten doch über diesen ganzen dogmatischen Krampf hinaus sein. Frauen können heute sexy und stark sein – sie müssen nicht mehr den Obermacho geben, um ernst genommen zu werden. So wie Maggie Thatcher, die bei einer Konferenz im Weißen Haus fragte, ob sie denn als Einzige Eier in der Hose hätte.

Aber mit den neuen Männern sieht es offenbar düster aus. *Generation Wollmütze* betitelte der »Stern« eine Polemik. Männer um die 30 seien narzisstisch und schlaff, behaupten die Autorinnen. Und diese Schluffis hätten Angst, gebraucht zu werden. Wollten keine Bären mehr werden und könnten nicht mehr zupacken. Aber: »Nicht dass wir uns falsch verstehen, den Kerl alter Machart wollen wir nicht zurückhaben. Den reaktionären Sack, der ständig sein Revier abpinkeln muss und ohne Blackberry und Dienstwagen ein armes Würstchen ist. Ein Langweiler in Businessuniform, der Egotext blubbert, sein Büro für den Nabel der Welt hält und zu Hause bei Frau und Kindern nur zahlender Gast ist. Dieses Männermodell läuft hoffentlich bald aus …« Aha – und wie denn nun?

Die »Zeit« beklagt die neuen Schmerzensmänner, die unablässig ihr Leben reflektieren und nicht mehr wissen, wann es Zeit ist, eine Frau zu küssen – sondern nur darüber nachdenken. Die sich nicht festlegen, jede Verbindlichkeit meiden. Die glaubten, sie könnten für immer Peter Pan bleiben, weil sie niemand dränge, erwachsen zu werden: »Jede Zelle in ihm sträubt sich gegen die Sesshaftigkeit, den Gedanken an Verantwortung. Weil er aber an Harmoniesucht leidet und glaubt, Frauen unangenehme Wahrheiten nur im Gewand des Büßers überbringen zu können, kleidet er seine als Freiheitsdrang getarnte Unentschlossenheit in Larmoyanz.«

Da möchte man als Mann doch einfach nur genervt aufstöhnen, sich ein Bier aus dem Kühlschrank holen und die Sportschau einschalten. Wieso müssen Frauen immer so 'n Stress machen. Männer sind da tendenziell doch eher faul. Trägheit ist ein urmännlicher Wesenszug. Frauen gehen in ihrer Freizeit ins Theater oder mit ihren Freundinnen shoppen. Meine Vorstellung eines gelungenen Abends gipfelt in einer DVD und einer Flasche Wein mit meinem besten Kumpel. Nur Männer konnten das Angeln erfinden. »Angel-Sport« – das muss man sich mal auf der Zunge zergehen lassen. Stundenlang regungslos dasitzen, aufs Wasser glotzen, eiskaltes Bier trinken und keinen Ton sagen. Ein bisschen Abenteuer, der Kampf Mann gegen Kreatur. Und abends die Beute nach Hause schleppen, die Familie satt machen, das Hechtgebiss an die Schuppenwand nageln. Das Leben könnte so schön sein. Wenn Frauen nicht permanent irgendein Haar in der Suppe fänden und an uns rumkrittelten.

»Frauen arbeiten heutzutage als Jockeys, stehen Firmen vor und forschen in der Atomphysik. Warum sollten sie irgendwann nicht auch rückwärts einparken können?«
Bill Vaughan, amerikanischer Kolumnist

Wir sind jetzt Partner! Ihr Frauen seid nicht mehr an den heimischen Herd gefesselt, und wir müssen nicht mehr die Kohle ranschleppen. Und da sollten wir die Aufgaben neu verteilen, natürlich! Arbeit, Familie, Kinder: alles! Da habt ihr völlig recht, da machen wir mit, ist doch klar!

Und wenn nicht? Was wollen Frauen denn tun, wenn sie Familie *und* Beruf wollen? Männer müssen nicht unbedingt Kinder haben. Jedenfalls nicht jetzt und später vielleicht »mal sehen«. Vaterschaft ist für uns keine biologische Urerfahrung. Wenn wir uns nach Familie sehnen, können wir auch bei einer alleinerziehenden Mutter andocken, was den Vorteil hat, dass wir jederzeit wieder ablegen können. Außerdem haben wir mehr Zeit: Mancher erlebt mit 60 die ersten Vaterfreuden. Da kann dann natürlich niemand mehr erwarten, dass er das schreiende Baby nächtelang durch die Gegend trägt – ältere Herren brauchen ihren Schlaf.

Und was wollt ihr machen, wenn der junge Vater dann doch das Fracksausen kriegt, weil ihm das alles zu viel und zu eng und zu früh ist? Das kostet ihn Geld, aber ansonsten macht er weiter seinen Job und zieht abends mit den Kumpels um die Häuser. Und ihr könnt zusehen, wie ihr das alles auf die Reihe bekommt – mit Beruf und krankem Kind und Elternabend. Auf unserer ganzen Schule gab es damals nur einen Jungen mit einer geschiedenen Mutter, das war Thema in Bad Wildungen. Heute ist es Alltag.

Und statt besserer Väter hat eine Menge Jungs jetzt gar keine Väter – und wird von überversorgenden alleinerziehenden Müttern, die ihre ganze Liebe und ihren Lebenssinn auf ihre Kinder konzentrieren, zu einer neuen Generation rücksichts- und verantwortungsloser Paschas herangezogen. Wann ist ein Mann ein Mann? Wie wollt ihr mal leben, wenn ihr erwachsen seid? Falsche Frage! Welcher Junge will schon erwachsen werden? Wir glauben nicht nur, für immer Peter Pan bleiben zu können – es geht jetzt tatsächlich. Wir Männer haben durch die Gleichberechtigung eine Menge gewonnen: Liebe, Sex, Nähe – können wir alles kriegen, ohne uns festzulegen. Aber was habt ihr bekommen? Außer Burn-out und Herzinfarkt?

Die Welt ist in den letzten 50 Jahren ein Stück weiblicher geworden, und das hat ihr ganz gut getan. Und sie wird noch weiblicher werden, und das wird ihr womöglich nicht so gut tun. Weil es weder Frauen noch Männern dient, wenn unser Verhältnis aus der Balance gerät. Wenn die männliche Handschrift fehlt.

In den Schulen und Kindergärten haben sie jetzt plötzlich Angst, dass die Jungen auf der Strecke bleiben. Weil man sich so lange auf die benachteiligten Mädchen konzentriert hat. Die Geschlechterklischees aufbrechen wollte. Nun spielen die Jungs trotzdem lieber mit dem Traktor als mit dem Teddy. Und man fragt sich, ob man kleinen Jungen wirklich einen Gefallen tut, wenn sie Schmetterlinge malen müssen – statt Schwerter und Pistolen.

Frauen machen sich darüber Gedanken, wohlgemerkt! Mütter, die sich um ihre Söhne sorgen.

»Die Geschlechterdebatte interessiert viele Männer nicht, weil sie immer nur auf die Fresse gekriegt haben«, glaubt der Schriftsteller Ralf Bönt. Er hat ein *Manifest für den Mann* geschrieben, mit dem er das emotionale Monopol der Mutter aufbrechen will. Es sei Zeit, dass Männer Forderungen stellen, findet er, denn Männer hätten in der Familie nicht nur etwas zu leisten, sondern auch zu bekommen. Nämlich die ungeteilte Liebe ihres Kindes und die Erfüllung, Vater zu sein: »Ich möchte auch allein Zeit mit dem Kind haben, mit ihm auf den Spielplatz gehen!«

Ich würde es mir gut überlegen, meiner Frau einen solchen Satz zu sagen, weil sie mir dann vermutlich wortlos unser Kind in den Arm drücken und den Rest des Sonntags in der Sauna verschwinden würde. Natürlich gibt es Frauen, die den Kontakt ihrer Kinder zum Vater vereiteln. Aber meist liegt es nicht an den Müttern, dass Väter wenig Zeit mit ihrem Nachwuchs verbringen. Sondern Männer haben halt oft andere Sachen zu tun. Wenn man mal ganz ehrlich ist: So prickelnd ist es ja nun auch wieder nicht, einen Dreijährigen das ganze Wochenende lang bei Laune zu halten. Es ist jedenfalls völliger Quatsch, einen neuen Geschlechterkampf anzuzetteln und Forderungen zu stellen. Du kannst doch nichts fordern in der Liebe! Du kannst nur etwas geben! Wir brauchen keinen neuen Geschlechter*kampf*, sondern einen neuen Geschlechter*bund*.

»*She got gaps, I got gaps – together we fill gaps.*«
Sylvester Stallone, *Rocky*

»Sag mal«, fragte ich neulich meine Frau, »hast du eigentlich Cellulitis?« Sowas ist höchst uncharmant, aber bis dahin hatte ich das Problem nie gesehen. Bis ich in einer Frauenzeitschrift einen Artikel darüber las: Cellulitis sei eine Erfindung der amerikanischen Kosmetikindustrie aus den 60er Jahren. Früher sah ein Frauenoberschenkel aus, wie ein Frauenbein nun mal aussieht – weil Frauen eben ein schwächeres Bindegewebe haben. Fand ich bemerkenswert, worüber sich Frauen so Gedanken machen … Ich bin immer wieder erstaunt, wie gnadenlos Frauen sich selbst in Einzelteile zerlegen.

Aber kürzlich habe ich in der Drogerie Augenfalten-Creme geklaut. Weil es mir zu peinlich gewesen wäre, sie zu kaufen. Morgens betrachte ich im Spiegel kritisch meine Tränensäcke, die tiefer werdenden Stirnfalten, die wachsende Glatze, die Speckrolle um die Hüften – obwohl ich mich drei Mal wöchentlich im Fitnessstudio abstrample, verzweifelt gegen den Verfall ankämpfe. Vielleicht versuch' ich's mal mit einer Low-Carb-Diät …

Viele Männer rasieren sich die Brust und spritzen sich Botox in die Stirn. Lassen sich Haare auf die Glatze pflanzen. Sie tun inzwischen genau das, womit sich Frauen seit Jahrhunderten verrückt machen: Sie zerlegen sich mitleidlos in Einzelteile und arbeiten an der Optimierung. Ist das nun Gleichberechtigung? Dass wir den Frauen bei jedem Blödsinn hinterherrennen und nacheifern?

Es geht nicht um Bierbauch und Feinripp-Unterhemd. Niemand will einen Partner, der sich gehen lässt. Das ist eine Frage des Respekts und der Selbstachtung. Aber anstatt die weibliche Selbstbeschau einfach zu übernehmen, hätten wir womöglich auch ein bisschen gegensteuern können. Halt selber etwas bieten – statt alte weibliche zu neuen männlichen Disziplinen zu machen und darin zu konkurrieren. Noch mehr Zeit im Bad zu verbringen als sie. Und so sind nicht die Frauen ein Stückchen gelassener und weniger perfektionistisch geworden – nein: Wir Männer lassen uns Haare vom Hintern auf die Glatze verpflanzen und die Augenlider straffen. Man muss sich doch bloß Silvio Berlusconi anschauen, um zu erkennen, wie lächerlich das Streben nach Perfektion und Makellosigkeit ist. Wirklich schön macht nur heitere Freundlichkeit!

Kann ja sein, dass wir den Druck auf die Frauen erst gemacht haben. Aber genau deshalb hätten wir ihn doch auch ein bisschen rausnehmen können! Das hätte auch ein männlicher Beitrag sein können zur Emanzipation: Wir hätten die Cellulitis abschaffen können!

In Schweden ist das erste Kinderbuch in geschlechtsneutraler Sprache erschienen. »Hon« (sie) und »han« (er) verschmelzen zu »hen«. Es gibt auch schon erste Kindergärten ohne *sie* und *er*. Sprache soll kein Medium sexistischer Vorurteile mehr sein. Schwedens Gleichstellungsministerin ist sehr stolz auf die Idee. Und das im Land Astrid Lindgrens, die so wunderschöne Geschichten von echten Mädchen und echten Jungs geschrieben hat! Es kann nicht um Gleichheit gehen, sondern nur um gleiche Chancen. Lasst die Jungs mit dem Trecker spielen, solange den Mädels keine Puppen aufgezwungen werden. Selbstbewusste echte Frauen und echte Männer wär'n ein schönes Ziel. Die es nicht nötig haben zu konkurrieren, sondern sich in ihren Stärken und Schwächen ergänzen und stützen. Sich nicht über Machtfragen streiten, sondern einen gemeinsamen Weg finden. *Mit*einander gehen – statt *neben*einander. Und ich schätze mal ganz selbstkritisch, dass da jetzt mal die Männer gefragt sind. Wir müssen aufhören, Erwartungen zu erfüllen. Uns bewusst werden, dass wir auch eine Menge zu bieten haben. Uns nicht mehr dafür schämen, richtige Männer zu sein, sondern gute weibliche Eigenschaften mit guten männlichen Charakterzügen zu einem kraftvollen Ganzen zusammenfügen. Wie ein Zweikomponentenkleber.

Die Liste des Lügners

Warum gehen Männer fremd? Geht es um den Kick mit ande-
ren Frauen? Das Ausprobieren, ob es noch woanders klappt?
Den Jagdtrieb? Oder was ist es? »Butterherz« fragt das im
Internetforum GoFeminin.de. *Viele Frauen fragen sich das.*
»Was für eine bescheuerte Frage!«, hätte ich früher gesagt.
Männer gehen fremd, weil sich ihnen die Gelegenheit bietet
und ein Mann nun mal keine Gelegenheit zum Sex ausschlägt.
Aber es war ja weiß Gott nicht immer nur Lust und Leiden-
schaft. Vieles verzichtbar, oft schon damals bereut. Eine Menge
Selbstverleugnung. Keinem treu zu sein. Den Frauen nicht –
und mir selbst auch nicht.

»Man kann nicht mit allen Frauen der Welt schlafen.
Aber man sollte es zumindest versuchen.«
Marcel Reich-Ranicki

Julio Iglesias hat angeblich mit 1000 Frauen geschlafen.
Behauptet er. Georges Simenon brüstete sich sogar mit
10000. Seine Witwe sagt, alles Lüge – es seien allenfalls
1200 gewesen. Ich fand's immer oberpeinlich, wenn

Typen mit ihren Bettgeschichten protzten. Für unser ganzes Geschlecht – weil viele Frauen ohnehin denken, dass Kerle schwanzgesteuert, selbstgefällig und grobschlächtig sind. So will Mann nicht sein. Ich habe Frauen nie respektlos behandelt. Habe zugehört. Seelentiefe Briefe geschrieben und rote Rosen geschickt.

Tja, und dann ertappe ich mich an einem öden Sonntagnachmittag doch dabei, wie ich mit versonnenem Lächeln und einem Bleistift in der Hand die Frauen meines Lebens aufliste ... Große Lieben und kleine Affären, Dramen, One-Night-Stands, alles, was die Zahl nach oben treibt. Verglichen mit Julio Iglesias ist sie natürlich lächerlich. Aber dafür kann ich mich an jede Einzelne bis heute erinnern ...

Der Wein funkelt rubinrot im Kerzenlicht, die Gespräche von den Nachbartischen ein matter Wortteppich – und ich könnte in ihren Augen versinken. »Was sagt ein Mann, dem das Wasser bis zum Bauchnabel steht?«, frage ich beiläufig, sie zuckt die Schultern.
»Das geht über meinen Verstand!«

Ich erzähle Frauen gerne Männerwitze. Ein Mann, der über sich selbst lachen kann, sich nicht so ernst nimmt – das mögen Frauen. Dabei bin ich kein typischer Frauenversteher – das mögen Frauen nämlich nicht.

Ein Schuss »wilder Kerl« sollte schon sein. Ein Stückchen aus meinen reichhaltigen Erinnerungen als Kriegsreporter zum Beispiel; ich war am Golf, in Ruanda, auf dem Balkan. Aber nicht zu blutig, keinen Männerscheiß von

Kanonendonner und Kameradschaft. Sondern vom Leid der Frauen und Kinder. Muss immer schlucken, wenn ich davon erzähle ...

Auch über mein Schiff und das Segeln rede ich gern – wobei ich technische Einzelheiten grundsätzlich ausspare – stattdessen lieber von der Weite des Meeres, Stille, Natur, Sehnsucht und Seele erzähle. Es gilt, jeden Anklang von Prahlerei zu vermeiden, Missgeschicke und Pannen sind amüsanter als Heldentaten. Aber auch nie zu viel reden, lieber zuhören, Fragen stellen, auf sie eingehen. Auf die kleinen Signale achten. Wenn sie etwa die Brille absetzt, dann öffnet sie sich. Und auf gar keinen Fall irgendwie *touchy* werden! Keiner dieser klebrigen Ranschmeißer, die jede Gelegenheit nutzen, einer Frau auf die Pelle zu rücken. Im Gespräch scheinbar beiläufig die Hand auf ihren Arm legen oder ihre Finger berühren ... Bäh!!! Lass sie reden, finde heraus, wovon sie träumt, wovor sie Angst hat. Sei offen, höflich, einfühlsam, heiter. Zeig ihr, dass sie dich als Person interessiert und du nicht auch nur so 'n notgeiler Macker bist.

Am nächsten Morgen sitzen wir in ihrer Küche an dem kleinen Klapptisch. Ich trage ihren Bademantel, er ist mir zu klein. Hocke auf der Kante eines Gartenstuhls, klemme die Beine zusammen und starre in meinen Kaffee. Kamelhaarbraun. Aber ich kann nicht ewig so dahocken und in die Tasse stieren, und als ich den Kopf hebe, lächelt sie mich an. Mir ist nicht nach Lächeln. Kann nicht! Will nicht! Verdrehe stöhnend die Augen und fasse mir an den Kopf, um die schroffe Ablehnung zu mildern und auf meinen mörderischen Kater zu schieben. Rückzugsmöglichkeiten schaffen ... Wir waren schließlich beide nicht mehr nüchtern gestern ... Aber das glaube ich mir ja selber nicht. Es ist nicht im Suff so passiert, sondern ich habe es darauf angelegt – von Anfang an.

Ich habe eine Menge preisgegeben, mich weiter geöffnet, als Männer das normalerweise tun. Über meine Gefühle, Sehnsüchte und Ängste gesprochen. Ich mag es, wenn sich Frauen mit mir wohlfühlen. Tatsächlich habe ich nichts Wesentliches offenbart, sondern mich versteckt, inszeniert, Wahrheiten zu Lügen verwoben. Im Krieg und in der Liebe – so heißt es – seien alle Mittel erlaubt. Aber das Begehren hat die Erfüllung offenbar nicht so richtig gut überstanden. »Oh verdammt, schon so spät!« rufe ich nach einem demonstrativen Blick auf die Uhr übertrieben und springe auf. Schnell anziehen und dann nichts wie raus hier. Sie wird im Flur stehen, wenn ich aus dem Schlafzimmer komme, im Türrahmen lehnen und mich erwartungsvoll anschauen. Ich habe von Anfang an jeden Schritt dieses Abenteuers vorhergesehen. Ich wusste, was ich sagen, wie sie reagieren, wann ich sie küssen würde. Und als sie sagte: »Ich schlafe nie am ersten Abend mit einem Mann«, da wusste ich, dass sie es tun würde. Jedes Mal, wenn eine Frau das sagt, weiß ich, dass genau das passieren wird. Es gab einen Moment, an dem ich am liebsten ausgestiegen wäre. Weil mir das alles so kalkulierbar erschien und ich dessen so überdrüssig war.

Aber zugleich übt dieses Spiel auch einen unglaublichen Reiz aus: ein Prickeln und Sausen und Brausen in allen Nervenbahnen, eine unglaubliche Erregung der

Sinne. Jetzt ist es mir unsagbar peinlich, und ich möchte nur noch allein sein.

Als ich eine Stunde später meine Wohnungstür aufschließe, höre ich die Stimme meiner Freundin aus dem Schlafzimmer. *Oh Gott, sie weiß alles!* Das ist der erste Gedanke. Wir wohnen nicht zusammen, aber sie hat einen Schlüssel. Mein Herz rast, Panik schnürt mir die Kehle zu – doch sie liegt ganz entspannt in meinem Schlafanzug mit einem Milchkaffee und der Wochenendzeitung auf dem Bett.

»Nein, kein Gespenst, ich bin's nur«, lacht sie, weil ich offenbar sehr erschrocken aussehe, »aber ich wollte gestern Abend unbedingt diese BBC-Dokumentation sehen, und mein Fernseher ist doch kaputt ...« Sie hat mehrfach angerufen und dann einfach angenommen, dass ich mit meinem Kumpel Paule versackt bin und da übernachte, weil ich das öfter tue. »Du hast doch nichts dagegen, oder?« Sie wirkt verunsichert, weil ich stocksteif in der Tür stehen bleibe und vor lauter Angst wie verrückt schwitze, den Geruch der Anderen ausschwitze. »Nein, natürlich nicht, aber lass mich kurz duschen, bevor ich dich küsse, ich stinke entsetzlich – und geraucht habe ich auch ...« Jetzt ganz schnell ins Bad, bevor sie Einwände erheben kann. »Ich fürchte, ich habe gerade Paule geweckt«, ruft sie mir kichernd hinterher, »ich wollte dich bitten, Brötchen mitzubringen ...« Puh, das war knapp! Mit Sicherheit hätte ich sie sonst von ihm gegrüßt. »Ich hab' Paule nicht getroffen, sondern bin mit Kollegen versackt. Ich hab' bei Jupp gepennt.« Wieso ausgerechnet Jupp – ich Trottel! Unsere Freundinnen machen zusammen Yoga. Dabei hat sie gar keine Erklärung verlangt. Lügner reden zu viel, das weiß jeder Polizist. Meine Nerven, gespannt wie Klaviersaiten, beruhigen sich allmählich, während ich den Geruch der Anderen vom Körper seife. Noch einmal davongekommen. Alles gut. Jetzt einfach nur ganz natürlich benehmen. Und die letzte Nacht streichen wir.

Wenn ich es denn bei dieser einen Nacht belassen hätte! Aber nach ein paar Tagen ist die Panik vergessen; der Beziehungsalltag hat dich wieder. Du liegst im Bett neben deiner Partnerin und denkst an die Andere. Die Leidenschaft, Wildheit, das Fremde. Naja, und dann ist die Freundin am Wochenende weg, und du bist allein zu Hause, und dich sticht der Hafer – denn es ist ja für einen Mann auch verdammt aufregend, eine Geliebte zu haben. Mit zwei Frauen zu schlafen. Aus dem One-Night Stand ist längst eine Affäre geworden.

Sie weiß nichts von meiner Freundin. An unserem ersten Abend gab's keinen Grund, ihr davon zu erzählen – und jetzt ist es irgendwie zu spät. Es spielt auch keine Rolle, ihr muss klar sein, dass ich keine Beziehung mit ihr will. Dass wir eine ganz und gar unverbindliche Geschichte am Laufen haben. Beim Frühstück fragt sie, ob ich Samstag schon was vorhabe. Ja, Einladung zu einer Party, lange schon geplant. Als sie mich hocherfreut anstrahlt, ist mir klar, dass das ein Fehler war. Sie geht davon aus, dass ich sie mitnehme. Ich hätte natürlich auch einen Termin erfinden können. Aber du kannst einfach nicht immer lügen. Du schaffst es nicht, dass du zusammen mit ihr in der Küche sitzt und ihr ganz normal miteinander quatscht, und du jedes Detail noch mal daraufhin gegencheckst, ob es brisant sein könnte. Ich kann meine Geliebte aber nicht zu der Party mitnehmen, weil ich da mit meiner Freundin hingehe. Spätestens jetzt sollte mir klar sein, dass sie unsere »Affäre« womöglich aus einem gänzlich anderen Blickwinkel sieht. Ich sollte die Notbremse ziehen. Aber ich reite mich nur tiefer rein. Nicht weil ich glaube, ohne sie nicht sein zu können. Sondern aus Feigheit. Weil ich nicht will, dass sie mich für einen Arsch hält. Gell, das ist komisch!

Naja, ich sei da schon mit ein paar Freunden verabredet, und wir wollten's mal wieder so richtig jungsmäßig krachen lassen, und da könne ich wirklich unmöglich und so ... Aber das würde sie sicher verstehen ...

Tut sie natürlich nicht. Klingt auch Scheiße. Sie ist enttäuscht, weil sie schon wieder einen Samstagabend allein verbringen muss. Wie so oft. Aber sie sagt nichts. Macht mir keine Vorwürfe. Sondern schweigt und schmollt. Damit komme ich ganz schwer zurecht: Frauen zu enttäuschen. Also biete ich eine Kompensation an: »Dafür habe ich das ganze nächste Wochenende Zeit – versprochen!« Und könnte mich auf der Stelle ohrfeigen.

»Zäh fließender Verkehr auf der Autobahn zum Flughafen«, meldet NDR 2 – aber hier bewegt sich seit einer halben Stunde überhaupt nichts. Der Streit mit meiner Freundin steckt mir noch in den Knochen. Sie war angesäuert, weil wir an diesem Wochenende eigentlich hatten ans Meer fahren wollen. Wir akzeptieren beide, dass der Beruf Privates durchkreuzen kann, aber ich hätte es ihr früher sagen sollen. Sie hat die Einladung einer Freundin unsertwegen abgesagt. Und jetzt das: Rechercheseminar in München – hatte ich völlig verdrängt …

Ich will sie vom Flughafen aus noch mal anrufen. Meine Stimme mit dem Lärm in der Abflughalle – das soll ihr im Gedächtnis bleiben. Ihre Arglosigkeit schmerzt, und so ganz nehme ich sie ihr auch nicht ab, so wie ich sie zum Misstrauen geradewegs einlade. Ich habe das Gefühl, Spuren zu hinterlassen – breit wie Planierraupen. Stoße ständig selbst auf Widersprüche und Schwachstellen in meinem immer komplexer werdenden Lügengebäude. Aber warum sollte sie mir misstrauen? Liebende belügen einander nicht. Ich grolle ihr, weil sie mich durch ihr Vertrauen fühlen lässt, wie unsagbar mies und unanständig ich handle. Und mit jeder Minute im Stau wächst die Wut auf meine Geliebte, wegen der ich diesen abgefeimten Zinnober überhaupt veranstalte. Ich werde einfach am Flughafen vorbeifahren. Nicht umdrehen nach Hamburg, sondern mein Handy aus dem Fenster werfen – und dann immer weiter Richtung Süden. Alles und alle hinter mir lassen. Frei sein.

Meine Geliebte ist krank. Ein Häuflein Elend mit Schniefnase und Fieber. Dabei hatte sie sich so gefreut, mit mir am Elbstrand spazieren zu gehen. Grundgütiger, halb Hamburg ist am Wochenende an der Elbe unterwegs! Ich mach's mir lieber kuschelig mit ihr, und zum Essengehen bevorzuge ich Landgasthöfe weit außerhalb. Dabei gibt's so viele nette Kneipen und Restaurants direkt um die Ecke, aber Hamburg-Ottensen ist vermintes Gebiet. Ich halte jedes Mal die Luft an, wenn wir ihre Wohnung gemeinsam verlassen.

Blicke mich verstohlen um, werde erst wieder im Auto einigermaßen ruhig. Letzte Woche hat mich ein Kollege mit meiner Geliebten gesehen. Händchenhaltend im Wald. Er hat's mit Sicherheit weitererzählt, nicht unmöglich, dass es Freunde meiner Freundin erreicht. Es gibt immer Schnittmengen. Einem Freund habe ich mich anvertraut, er hat's bestimmt seiner Frau gesagt ... Aber nun ist meine Geliebte krank, und ich bin so erleichtert darüber, mich hier vergraben zu können, dass ich sie gut gelaunt tröste: »Wir machen's uns auf jeden Fall schön, ich kümmere mich um dich!« Sie strahlt mich aus dankbaren Triefaugen an.

Wahrscheinlich hat sie erwartet, ich würde mich bedauernd verabschieden, weil es mir zu langweilig wäre, an ihrem Krankenbett zu sitzen. Gott, was für ein Mist, ich reite mich immer tiefer rein. Später werde ich mich wahrscheinlich empören über ihre Erwartungen. *Was willst du eigentlich? Ich habe nie von Liebe gesprochen, nicht ein einziges Mal* ... und wie sie denn überhaupt auf diese bescheuerte Idee kommen könne. Tja, ich hab' ihre Hand gehalten und ihr Tee gekocht, als sie krank im Bett lag – sonst war da eigentlich nichts. Und ich habe meine Freundin verschwiegen. Was, wenn uns meine Geliebte mal zufällig zusammen sieht? Mitbekommt, dass ich sie von Anfang an verarscht habe? Das klärende Gespräch von Frau zu Frau sucht?

Der Wein funkelt rubinrot im Kerzenlicht, die Gespräche von den Nachbartischen ein matter Wortteppich – und ich könnte in ihren Augen versinken. Wieso fällt mir erst jetzt wieder auf, wie schön sie ist? Mit leichter Wehmut schaue ich meine Freundin an. Ich habe plötzlich große Angst, sie zu verlieren. Ich habe sie sehr schick zum Essen ausgeführt – als kleine Wiedergutmachung für unser geplatztes Wochenende am Meer. Das »Rechercheseminar in München« am Krankenbett meiner Geliebten. Ich habe keine Ahnung mehr, was ich wirklich empfinde. Habe das Koordinatensystem für meine Gefühle komplett verloren in dem Gewirr aus Lügen, Fluchten, Betrug – und Angst.

Ich zucke zusammen, als das Piepsen eine ankommende SMS signalisiert. Greife hastig in die Sakko-Innentasche und schaffe es, das Handy vor der dritten Kurzmitteilung auszuschalten. »Willst du nicht nachschauen?«, fragt meine Freundin. Vielleicht ahnt sie längst was. Und zeigt es nicht, um ihre Beweisermittlungen nicht zu gefährden.

Nein, nein, eine so gute Schauspielerin ist sie nicht. Bin ich einer? »Ach, was kann schon so wichtig sein, wie mit dir hier zu sitzen ...« Ich weiß nicht, ob ich sie liebe. Ob ich durch die Affäre zu meinen Gefühlen für sie zurückfinde – oder ob ich sie nur deshalb so sehnsüchtig festhalten will, weil sie mir zu entgleiten droht.

»Bin gleich wieder da«, lächle ich meiner Freundin zu. Auf der Restauranttoilette hockend, lese ich sieben SMS. Meine Geliebte braucht mich, muss unbedingt mit mir reden, heute noch, egal, wie spät es ist, will sich nicht immer nur von mir vertrösten lassen, ich soll, verdammt noch mal, ihre Bedürfnisse ernst nehmen! *Sorry, wichtige Konferenz, muss morgen sehr früh raus, melde mich schnellstmöglich. LG Holger*

»Ich dachte schon, du hättest dich weggespült«, be-
merkt meine Freundin, als ich an den Tisch zurückkehre.
Ich murmle was von »Magen verdorben« – mein Sodbrennen ist in der Tat mörderisch. Wir gehen zu mir, aber
selbst in der eigenen Wohnung bin ich Gefangener meiner Lügen. Ziehe unauffällig den Stecker des Festnetz-
telefons aus der Anschlussdose – für alle Fälle. Als ich
am Morgen die Wohnung vor ihr verlasse, vergewissere
ich mich, dass der Computer ausgeschaltet ist. Ich hätte
längst einen neuen E-Mail-Account einrichten sollen für
meine Geliebte. Kürzlich hatte ich mein Zweithandy bei
meiner Freundin auf dem Tisch liegen lassen; das Pre-
paid-Teil für die Anrufe meiner Geliebten. Solche Kleinigkeiten können dich zu Fall bringen.

»Beschäftigt dich irgendwas?« fragt meine Freundin,
»du wirkst so abwesend in letzter Zeit.«

»Nö, was soll schon sein, alles in Ordnung …«

Meine Geliebte ist auf 180, als ich sie aus dem Auto anrufe. Spricht von Verlässlichkeit und Füreinander-da-
Sein. Ich bin ein bisschen empört, dass sie unsere Affäre
in eine Beziehung umgewandelt hat, ohne mich zu fragen. Letzte Woche hat sie mich gebeten, am Wochenende
mal zu ihren Eltern mitzufahren. Da ist es mir endgültig
klar geworden, wie tief ich in der Scheiße stecke. Sie hat
sogar schon in meiner Wohnung übernachtet, und ich
habe danach stundenlang panisch nach einem verlore-
nen Ohrring gesucht. Sie akzeptiert aber, dass ich Über-
raschungsbesuche hasse, Überrumpelung mich fuchsteu-
felswild macht – Relikt einer fürchterlichen Beziehung …
blablabla … – und was ich ihr sonst noch erzähle, um zu

verhindern, dass sie irgendwann vor meiner Tür steht. Aber ob das reicht, wenn sie wirklich wütend wird? Oder argwöhnisch? Ich wundere mich eh, dass sie nicht misstrauischer ist, weil ich so selten Zeit habe. Mich nicht mit ihr zeige. Sie keinen meiner Freunde kennt. Aber man glaubt wohl, was man glauben will. Jedenfalls darf ich sie nicht gegen mich aufbringen. Besänftige sie, verspreche ihr ein weiteres Wochenende. Hasse mich dafür, möchte ihr den Hals umdrehen. Romantikhotel in der Lüneburger Heide. Meine Untreue ist nicht nur nervenaufreibend – sondern zunehmend auch sehr, sehr teuer, weil ich ständig irgendetwas bei einer meiner Damen wiedergutzumachen habe.

»Auf unsere Ehefrauen! Und unsere Geliebten!
Mögen sie sich nie begegnen!«
Alter Trinkspruch der Royal Navy

Das fiese Drücken im Magen wird jeden Tag stärker. Eine Zeit lang ist so ein Doppelleben echt faszinierend. Ein bisschen wie ein Geheimagent mit all den wilden Geschichten und ständig neuen Bedrohungslagen, auf die du reagieren musst. Meiner Abenteurer- und Schauspielerseele gefällt das ganz gut. Außerdem streichelt es meine Eitelkeit.

Aber irgendwann hast du halt auch wieder das Bedürfnis, nach Hause zu kommen, dich mit einem Glas Wein an den Küchentisch zu setzen und einfach zu erzählen, was du am Tag erlebt hast und was dir so durch den Kopf geht. Statt ständig aufpassen zu müssen, mit wem du worüber geredet hast.

Am Donnerstagabend feiere ich mit meiner Freundin meinen Geburtstag. Sie schenkt mir eine warme Segeljacke. Passend für die Segeltour am Wochenende. Ein uralter Freund, den ich ewig nicht gesehen habe, hat mich auf sein Boot am Bodensee eingeladen. Ich packe das edle Teil in meine Reisetasche, Freitagabend schlage ich bei meiner Geliebten auf. Voller Vorfreude strahlt sie mich an, ihr Koffer steht schon im Flur. Mir ist so schlecht, ich könnte mich übergeben. »Es hat keinen Zweck mit uns«, sage ich, »meine Gefühle sind nicht tief genug«. Es kommt mir einfach so über die Lippen. Ich bin selbst erstaunt.

Aber ich kann kein Wochenende mit ihr verbringen. Neben ihr im Bett liegen, in der Heide spazieren gehen, lächeln, Smalltalk machen und dabei die ganze Zeit diese glühende Kanonenkugel im Bauch haben. Sie fragt, ob ich mir denn sicher und das nicht nur so eine Stimmung sei. Ich nicke tapfer. Da könne man dann wohl nichts machen, sagt sie – und dass sie das irgendwie schon gespürt habe.

Ein tonnenschwerer Stein ist mir von der Seele gerollt. Tief durchatmen, laut juchzen, übermütig aufs Lenkrad schlagen. Noch bin ich nicht aus dem Schneider. Anrufe, Aussprachen, Wut – kann alles noch kommen. Gerüchte, die ihren Weg zu meiner Freundin finden. Aber erst mal bin ich frei. Ein ganzes Wochenende lang. Offiziell beim Segeln am Bodensee. Und ich habe ein Zimmer im Romantikhotel. Nur für mich.

Ein Mal habe ich meine Ex-Geliebte noch wiedergesehen. Monate später auf dem Weihnachtsmarkt. Ich war mit meiner Freundin vor dem Glühweinstand, als ich sie in der Menge sah, die sich durch die Budengasse schob. Direkt auf uns zu. Mir brach der Schweiß aus allen Poren. Schlagartig. *Was tue ich, wenn sie zu uns kommt? Was sage ich? Stelle ich sie vor? Wer ist die Frau, wenn mich meine Freundin danach fragt?* »Cool bleiben!«, ermahnte ich mich und hätte laut auflachen können. Cool bleiben? Ich zitterte. Dicke Schweißtropfen perlten mir von der Stirn. Dann war meine Ex-Geliebte vorbei. Ganz kurz trafen sich unsere Augen, sie hat durch mich hindurchgeguckt. Völlig ausdruckslos. Das tat schon ein bisschen weh ...

Die Furcht hatte mich nach dem Ende meiner Affäre noch lange fest im Griff. Jedes Mal, wenn das Telefon klingelte, zuckte ich zusammen. Wem hörte meine Freundin da so ernst und schweigend zu? Schaute sie mich nicht irgendwie merkwürdig an? Was meinte sie mit dieser Bemerkung gerade? Argwöhnisch schlich ich um sie herum und suchte nach Zeichen dafür, dass sie doch etwas wusste. Forschte in mir, welche Spuren ich hinterlassen haben könnte – und grübelte krampfhaft, wie ich sie ihr notfalls würde erklären können. Erfand vorbeugend neue Lügen, um alte Lügen plausibel zu machen.

Aber bin ich ihr nicht die Wahrheit schuldig? Wie oft haben Freunde in ähnlichen Situationen mich das gefragt. Wenn dir was an ihr liegt, musst du ihr natürlich sagen, was dich in die Arme einer anderen getrieben hat. Aber vielleicht hat es auch gar nichts mit ihr zu tun. Und dann ist die Frage, ob du wirklich willst, dass sie sieht, welch verlogenes, abgefeimtes, treuloses Schwein du warst. Bessere dich einfach und mach dein schlechtes Gewissen mit dir selbst aus. Wem nützt eine billige Beichte mit dem Anspruch auf Absolution: Ich präsentiere mich dir in meiner ganzen Schlechtigkeit – das ist doch fast schon wieder edel. Aber der Lügner überschätzt gemeinhin die Bedeutung des späten Geständnisses. Und selbst wenn sie dir verzeiht, wird es verdammt schwer für dich sein, jemals wieder unbefangen auf ein »echtes« Segelwochenende mit den Jungs zu fahren. Du wirst sie vermutlich drei Mal am Tag anrufen, damit sie nicht auf dumme Gedanken kommt. Welchen Wert hat Ehrlichkeit, wenn sie mehr Schaden als Nutzen anrichtet? Verletzungen, Tränen, Enttäuschung, Hass – und wofür?

»Ich hatte viele Frauen, darunter nie eine Freundin, zur Freundschaft gehört Treue, das ist das Problem.«
Bodo Kirchhoff, *Parlando*

Geständnisse habe ich immer nur dann abgelegt, wenn ich überzeugt war, dass sowieso alles herauskommen musste. Nicht nur wegen der vielen Mitwisser, sondern weil mir die Reste meines Kinderglaubens an »Gut« und »Böse« das sagten. Dass ich meine Strafe bekommen musste, dass ich mit so vielen Lügen einfach nicht durchkommen konnte. Erstaunlicherweise doch – das Leben kennt keine Moral, sondern vor allem Zufälle, Glück und Pech. Man wundert sich, was alles geheim bleibt und niemals bis zu den Betroffenen vordringt – obwohl alle anderen rundherum Bescheid zu wissen scheinen.

Aber du verlierst den Respekt vor einem Menschen, den du zu oft belügst. Die Selbstachtung sowieso. Es war ja nicht bloß der Sex mit einer anderen. Ich habe von Seminaren erzählt, von Jungs-Abenden und dem neuen japanischen Restaurant. Doch, ich war dort – aber eben nicht mit meinen Kollegen. All die verheimlichten Gedanken, Gefühle und Ängste. Was meine Freundin für mein Leben hielt, woran ich sie teilhaben ließ, war vier Monate lang eine einzige große Lüge. Für sie war ich ein gerader, ehrlicher Mann, mit dem sie eine Beziehung voller Respekt, Nähe und Vertrauen lebte. Sie würde mich hassen, wenn sie es herausbekäme. Wie ich wirklich bin. Meine Vertraute ist zur Bedrohung geworden, die Komplizin zur Kommissarin. Und sie weiß es nicht einmal. Alibis gehören in den Sonntagabendkrimi, aber du kannst niemanden lieben und schätzen, vor dem du Angst haben musst – Angst, dass er dir auf die Schliche kommt.

Damals war ich einfach nur froh und dankbar, dass ich noch mal davongekommen war. »Reue ist bloß Angst vor Konsequenzen«, habe ich mir oft gesagt. Bleiben die aus, verblasst auch das schlechte Gewissen. Irgendwann war meine Affäre keine Bedrohung mehr. Sondern eine Episode aus meiner Vergangenheit. Die mich lächeln ließ, wenn ich daran dachte. Zuweilen wehmütig.

Und mir fiel wieder ein, was ich in unserer Beziehung schon immer vermisst hatte – und wieder vermisste. Fragte mich, ob mir womöglich der Mut gefehlt hatte, aus dem Gewohnten auszubrechen. Ob ich die falsche Entscheidung getroffen hatte, als ich bei meiner Partnerin blieb. So wie die meisten Männer, wenn sie sich irgendwann entscheiden müssen. Und so wie die meisten Männer bin auch ich nicht auf die Idee gekommen, dass es keine Frage von entweder-oder ist. Sondern womöglich weder-noch.

Früchte der Liebe

Was schweißt ein Paar zusammen? Was findet er an ihr – oder sie an ihm? Man fragt sich das oft. Bei Bettina und Christian Wulff beispielsweise. Ist sie seine Homecoming Queen? *Und hat sie sich einfach nur gewaltig verrechnet? Oder ist sie eine wahre Heldin der Liebe?*

»Christian Wulff ist der Glamour- und Glitzerwelt Hannovers erlegen.«
Ulrich Deppendorf in der ARD

Das muss man sich auf der Zunge zergehen lassen: die »Glamour- und Glitzerwelt Hannovers«! Aber gut – vielleicht, wenn man aus Osnabrück kommt ... Wo ist er hin, der Schwiegermuttertraum aus der niedersächsischen Provinz? Nichts Jungenhaftes ist dem Mann am Pult geblieben, der Blick müde und ausdruckslos, die Schultern mühsam gestrafft, bittere Falten haben sich um seine Mundwinkel eingegraben. Wulff ist zurückgetreten! Ich habe Genugtuung verspürt bei dieser Nachricht. Wochenlang mit Wut und Empörung sein trotziges Verharren begleitet. Aber egal, ob er sich das selbst eingebrockt hat oder nicht: Der Anblick eines Verlierers ist nur noch traurig. Ich ahne, was er fühlt in diesem Moment. Dem tiefsten Sturz, der vorstellbar ist. Gerade noch Präsident mit allem Glanz und Gepränge seines hohen Amtes – und im nächsten Augenblick ein Niemand.

Ein Mann in seiner schwersten Stunde und die Frau an seiner Seite. Sie ist die tröstliche Figur in diesem deprimierenden Bild. Ein Mensch, der zu ihm steht, auch wenn sich der Rest der Welt gegen ihn verschworen hat. Ob sie seine traurige Leere füllt, wenn er – selbst fast schon vergessen – im Fernseher seinen Nachfolger sieht, der die Reihe der Soldaten abschreitet, die ihre Gewehre für ihn präsentieren, die Kommandos, die Reden, der Aufmacher in den Nachrichten, die Präsidentenmaschine. Keiner mehr da, der sich drängt, gefällig zu sein, die reichen Freunde auf Tauchstation. Man möchte dieser Tage lieber nicht mehr mit ihm gesehen werden. Ob sie ihm eine Stütze ist? Oder ob es ihm Angst macht, dass auch sie sich – wie alle anderen – letztlich abwenden könnte von einem Verlierer?

Und was fühlt sie? Psychologinnen werden interviewt zur mutmaßlichen Seelenlage der Bettina Wulff. Sie habe alles seiner Karriere geopfert, heißt es in der »Bunten«. Dem Ziel, First Lady zu werden. Aber statt jetzt die Früchte zu ernten, werde sie mit hinuntergezogen in den Affärensumpf. Das ist ein interessanter Aspekt von Liebe: die Früchte ernten. Es zeigt, wie diese Ehe mehrheitlich betrachtet wird.

Das Glamourpaar in Schloss Bellevue – dieses Bild in der Öffentlichkeit hatte er allein ihr zu verdanken. Der Biedermann, den man sich problemlos in einem kleinstädtischen Katasteramt vorstellen kann. »Im Gegensatz zu Schröder bin ich ja nicht so der Genussmensch«, hat er mal gesagt, »wenn ich abends nach Hause komme und noch ein Glas Saft trinke, das ist für mich Entspannung«. Ein Glas Saft. Aber am Ende erliegt er doch der »Glamour- und Glitzerwelt Hannovers«. Vielleicht wollte er ihr was bieten, sie beeindrucken. *Bin auf dem Weg zum Emir.* Sie hat ihn mächtig aufgewertet. Einen Alpha-Rüden aus ihm gemacht – diese schöne blonde, strahlende junge Frau an seiner Seite. Jeder versteht, warum er sie genommen hat.

Aber was findet sie an ihm? Das haben sich alle von Anfang an gefragt. Und mancher spricht es jetzt gehässig aus: Dass sie sich womöglich mächtig verrechnet hat mit der Erotik der Macht. Aber wer kann von außen schon beurteilen, was ein Paar zusammenschweißt – oder auseinanderbringt? Womöglich kennt sie eine Seite an ihm, die wir im Fernsehen nicht sehen. Vielleicht ist er gar nicht so kreuzbrav und bieder, wie wir alle denken. Sondern ein ganz Wilder, der sich rote Pappnasen aufsetzt und mit ihrem Sohn im Schloss Verstecken spielte. Ein ganz alberner Typ.

Immerhin hat er mal nachts aus Florida Angela Merkel angerufen und ihr das Niedersachsenlied vorgesungen: »Wir sind die Niedersachsen, sturmfest und erdverwachsen ...« Das traut sich auch nicht jeder.

Ich habe Christian Wulff einst bewundert für seinen Mut und seine Ehrlichkeit. Er hat sich öffentlich hingestellt und gesagt: »Ja, ich habe meine Frau verlassen – und es gibt eine Neue.« Dazu gehört schon was – für einen katholischen CDU-Politiker, der die Familie immer hochgehalten hat. Letztlich war es die klügere Strategie als Horst Seehofers peinliches Herumgeeier mit schwangerer Geliebter und tapfer lächelnder Ehefrau. Aber so konsequent und gerade bist du natürlich nur, wenn du tief in deinem Herzen davon überzeugt bist, dass es sich lohnt für diese Frau. Und die BILD im Rücken hast. Wenn du wirklich liebst. Das verleiht Menschen Flügel und lässt sie über sich hinauswachsen. Schon erstaunlich, dass ein Mensch so gerade und mutig seinen Gefühlen folgen und zugleich so verdruckst und selbstgerecht sein kann.

Der Präsident hat sich gewunden wie ein ertappter Schulbub in dieser erbärmlichen Buddy-Affäre. Und die First Lady marschiert lächelnd und erhobenen Hauptes zum Jahresempfang bei Springer. In die Höhle des Löwen. Wo sie alle auf die kleinste Schwäche lauern.

Sie brauchte das Herz einer Löwin, so loyal neben dem Mann zu stehen, vom dem sie jeden Tag in der Zeitung liest, was für ein raffgieriger, unredlicher Piefke er ist. Und er braucht nun erst recht keine Ballkönigin oder Society-Lady – sondern eine Gefährtin. Man kann ihm nur wünschen, dass sie genau das ist und er stark genug dafür. Und womöglich neben ihr spürt, dass es vollkommen reicht, Christian Wulff zu sein. Dann war es nicht nur ein tiefer Sturz, sondern auch ein großer Schritt.

Werthers Erben und das Puzzleteil im Universum

Schon als Kind hast du ein Ideal von der Liebe im Kopf. Wenn du des Oberförsters Tochter mit den blonden Zöpfen heiraten willst – noch bevor Mädchen für eine Weile furchtbar doof werden. Ich habe dieses Bild im Herzen mein Leben lang gesucht. War mit wundervollen Frauen zusammen, aber selten ganz verzaubert. Und plötzlich ist es da: das unwirkliche Gefühl aus deinen Träumen, das du nicht für möglich gehalten hättest. Du hast nur eine Chance, dir das für länger zu bewahren: Du musst es zerstören. Oder es muss unerreichbar bleiben. Manche trauern ihm ein Leben lang nach. Andere nehmen sich selbiges.

> *»Lass uns leben, lass uns lieben*
> *und für alles Gezeter strenger Greise*
> *lass uns nicht einen einzigen Heller geben.«*
> *[…] Gib mir tausend und aberhundert Küsse,*
> *noch ein tausend und wieder hundert.*
> *Wenn vieltausend von Küssen dann beisammen,*
> *flugs vergessen, getilgt die Summe, dass ja*
> *kein Bösewicht neidisch werden kann,*
> *weil er weiß, dass es so viele Küsse gibt.«*
> Catull

Da hat einer aber mächtig Gas gegeben. Über 2000 Jahre alt sind diese Zeilen. Catull hat sie geschrieben, ein römischer Dichter aus Verona. Um 87 vor Christus geboren, im Hauptberuf reicher Sohn. Mehr als ein Dutzend glühende Gedichte widmete er seiner großen Liebe Lesbia. Historiker vermuten, Lesbia sei das Pseudonym für eine verheiratete Frau gewesen, die zehn Jahre ältere Senatorengattin Clodia. Sie hat sich wohl auf eine Affäre mit Catull eingelassen, weil ihr der Dichter mächtig geschmeichelt hat. Aber als sie dann Witwe wurde und der Weg frei gewesen wäre, da hat sie lieber jemand sozial Angemesseneren geheiratet. Daraufhin hat Catull sie in mindestens vier oder fünf weiteren Gedichten aufs Allerübelste geschmäht. Wütend, verletzt und ganz und gar hilflos seinen Gefühlen ausgeliefert.

Womöglich gab es die Angeschmachtete aber auch gar nicht, denn Catull selbst hat davor gewarnt, Dichtung mit dem wahren Leben zu verwechseln. Vielleicht ist Lesbia Fiktion – Produkt dichterischer Freiheit. Sinnbild für die ganz große Liebe, in der viel von »immer« und »einzig« und »ewig« die Rede ist. Aber das sagt am Ende nicht viel. Einzig wird diese Liebe immer nur durch ihr Scheitern.

Auf meiner Spurensuche nach dem Wesen der Liebe bin ich bei den alten Römern gelandet. Und finde mich wieder. Da hat einer vor über 2000 Jahren genauso leidenschaftlich geliebt, gehasst, tief gelitten und denselben Blödsinn gemacht wie ich heute. Das ist ebenso tröstlich wie ernüchternd. Weil du ja immer glaubst, die eigenen Gefühle wären so absolut einzigartig, dass sie kein anderer Mensch auf der Welt auch nur ansatzweise erfassen, begreifen oder gar nachfühlen könnte. Und sich ergo auch nicht erdreisten kann, dir einen brauchbaren Rat zu geben. Aber eigentlich klingt es gar nicht so viel anders, was ein junger Holger Senzel da 2000 Jahre nach Catull in sein Tagebuch schrieb. Nicht so schön poetisch natürlich, sehr viel prosaischer … aber nicht weniger heftig:

Ich weiß, dass es verrückt klingt, nach so kurzer Zeit von Liebe zu reden. Aber was kümmert es mich, wie irgendetwas klingt. Was wissen andere schon von unseren Herzen? Ich bezweifle, dass allzu viele Menschen je ein solch tiefes Gefühl erlebt haben. Ich kannte es bisher auch nicht. Meist sind Beziehungen Kompromisse, aber dass sich eine Frau und ein Mann, die füreinander bestimmt sind, auch tatsächlich treffen – das ist selten. Einer der ganz großen Zufälle des Lebens, Schicksal womöglich. Ich liebe sie. Ich weiß es. Sie ist die Frau, auf die ich mein Leben lang gewartet habe.

Zwei Wochen kannte ich die Frau, als ich dies in mein Tagebuch schrieb. Aber welche Rolle spielt schon die

Zeit, wenn der Kosmos den Atem anhält?! Wenn das Schicksal dich zusammenführt mit dem einzig passenden Puzzleteil im Universum. Ich hätte es nie für möglich gehalten – ein so tiefes Gefühl. Wie ein Atheist, der Gott begegnet. Das aber leider nicht für mich behalten, sondern in einem Liebesbrief verewigt. Und mich nicht geschämt. *Dein Körper ist eine Kathedrale, die ich betrete, um die Liebe anzubeten.* Das habe ich ebenfalls in einem Liebesbrief geschrieben. Und mich auch nicht geschämt. Habe ich da etwa mal wieder Sex mit Liebe verwechselt? Haben mir die Hormone das Hirn erweicht?

Gott bewahre – wir reden hier nicht über Ballköniginnen, Trophäen und Kunststücke im Bett. Sondern über die Frau, auf die ich mein ganzes Leben gewartet habe. Hier geht es um Leidenschaft. Nicht nur Körper, sondern Seelen, die sich vereinen. *Soulmates* – Seelenpartner. Sie spricht von »Sommerknien«, und du weißt genau, was gemeint ist. Der Geruch von Sonne auf nackter Haut, diese erste Ahnung von Sinnlichkeit als Kind in den Sommerferien. Wie gut ihr euch versteht, einander begreift – als hätte sie eine Backstage-Karte für mein Hirn.

Wenn ich in Deine Seele schaue, habe ich das Gefühl, in einen Spiegel zu blicken. Ach, ich möchte, dass sie alles weiß von mir. Nichts zurückhalten. Nicht meine Lügen gegenüber anderen Frauen, nicht meine Gemeinheiten. Kein Geheimnis soll zwischen uns stehen. In dieser Liebe, die noch so voller Urvertrauen und ohne Falschheit ist. Und so soll es bleiben für immer. Im Altersheim noch möchte ich ihre knochige Hand halten und lächeln, wenn ich sie anschaue …

Kein Alltag, kein Ärger im Job, keine Mahnung vom Finanzamt kann mir etwas anhaben. Die mürrische Stewardess im überfüllten Flugzeug bitte ich lächelnd um ihren Kugelschreiber: »Haben Sie ein Herz, es ist für einen Liebesbrief!«

Die ganze Welt soll teilhaben an meinem großen Glück. Ich stehe mit beiden Beinen fest in rosaroten Wolken. Romeo und Julia – Orpheus und Eurydike – Napoleon und Joséphine – das ist alles ein Dreck gegen diese Liebe, die ich gerade erlebe.

Ein Frühlingstag nach einem langen, kalten, trüben Winter. Die Sonne hat wieder Kraft, die Seele zu wärmen, der Himmel ist blau, die Luft frisch, rein und klar – ein Morgen wie ein Versprechen. Ein Versprechen – das ist es, verliebt zu sein. Eine Droge, die in allen Adern und Venen brodelt. Mir die Sinne raubt, mich high macht, die Welt in bunte Farben taucht. Unbesiegbar, süchtig nach immer mehr. Ein Rausch – das ist es, verliebt zu sein.

Aber warum antwortet sie nicht auf meine SMS? Schon eine Stunde her, dass ich sie gesendet habe. Auf ihre Mailbox gesprochen habe. Warum erreiche ich sie nicht, wieso ruft sie nicht zurück? Ob sie zweifelt? Es sich anders überlegt, sich doch wieder mit ihrem Ex getroffen hat? Und dann höre ich ihr Lachen am Telefon, zärtliche Worte in meinem Ohr und schäme mich für meine Ängste. Eine Achterbahnfahrt – das ist es, verliebt zu sein.

Über Alpenwiesen rennen, in Biergärten sitzen, auf einem Boot bei Sonnenuntergang, küssen, lachen, Unvernunft. Wochenenden in Hotels, Kurzurlaube in Städten, sich betrinken, lieben – es ist so ganz und gar anders mit ihr als mit all den anderen Frauen. Nie war ich so glücklich, nie mehr werde ich sie loslassen. Ein großes Fest – das ist es zu lieben.

Ich weiß, was ich will.
Ich will dich ganz und gar und immer um mich,
was uns im Wege steht, das ändere ich,
ich hab' noch nie im Leben Berge versetzt,
ich tu' es jetzt.
Udo Jürgens

Ein Dreivierteljahr später laufe ich wie ein aufgescheuchtes Huhn durch eine Altbauwohnung in Hamburg-Eimsbüttel. Schwarz-weiße Bodenfliesen in der Küche, Tür zum Garten. Südseite. Die Maklerin steht scheinbar unbeteiligt im Flur. Meine große Liebe reißt hier eine Tür auf, da eine Abseite. Hier könnte man den Schrank von Oma hinstellen, da einen großen Tisch für viele gute Freunde. Meine große Liebe blinzelt mir verschwörerisch zu – die Wohnung ist ein Traum. Und teuer – aber nun ja, in dieser Lage kannst du nichts falsch machen. Wir werden uns hoch verschulden müssen.

Was soll's, wir verdienen beide gut, haben sichere Jobs. Aber mir ist mulmig dabei. Natürlich wollte ich alles mir ihr teilen! Als wir auf der Terrasse dieses Cafés am Fluß saßen. Die Sonne schien, Weißwein funkelte im Glas, so kalt, dass es von außen beschlug. Und wir träumten von der Zukunft: um die Welt segeln, eine Bar in der Südsee eröffnen, heiraten und Kinder kriegen, ein schönes Heim haben. Es gab keine Grenzen für uns. Alles wollte ich mit ihr, warum nicht?! Nicht mehr hadern und zögern, sondern endlich mal springen. Ohne Netz und doppelten Boden. Aber so eine Hypothek ist natürlich eine sehr viel massivere Kette als die zarten Bande der Liebe. Kaufverträge, Notar, Bereitstellungszinsen, Umzugsunternehmen – das klingt alles verdammt unromantisch. Und der Atheist, der Gott begegnete, schreibt in sein Tagebuch: *Eingesponnen sein in ein Netz. Alltag. Ist er unvermeidbar? Ist die Liebe, der Tanz aller Hormone, das Klopfen des Herzens – ist es letztlich ein Trick der Natur, um uns einzufangen für diesen Alltag? Ist die große, die einzige Liebe fürs Leben eine Kino-Illusion?«*

---

*»Das Schlimme an einem romantischen Traum ist,
dass er einen so unromantisch verlässt.«*
Oscar Wilde

Ich könnte jetzt mit ihr in unserer Küche sitzen, an dem alten Eichentisch auf schwarz-weiß gewürfelten Fliesen. Die Tür zum Balkon wäre weit geöffnet, Vögel zwitscherten. Ich könnte im eigenen Gärtchen Blumen und Kräuter pflanzen …

… statt in meiner verlotterten Bude im Bademantel am Schreibtisch zu hängen. Weinflasche und voller Aschenbecher, der Boden übersät mit zerknülltem Briefpapier. Ich könnte glücklich sein. Aber sie hat mich verlassen. Ich habe sie vertrieben. Meine große Liebe zerstört. *Wenn du mich wirklich liebtest, hättest du mich nicht betrogen …*

Ich weiß, aber so habe ich das nie gesehen. Ich war nie treu und hatte doch nicht das Gefühl, zu betrügen. Bloß Sex. Hatte nichts zu tun mit meiner Liebe. Ich sehe ein, dass dies ein Fehler war. Nichts schmerzt mich mehr, als ihr so wehgetan zu haben! Ich habe meine Lektion gelernt. Wäre gar nicht fähig, sie noch einmal derart zu verletzen! Will eine Zukunft mit ihr. Nur mit ihr! Ob sie mir das glaubt? Sicher dreißig Mal habe ich einen Liebesbrief angefangen – und verworfen. Statt Worte durchzustreichen, jedes Mal ein neues Blatt beschrieben, perfekt sollte er sein in jeder Hinsicht. Sie überzeugen, dass wir füreinander bestimmt sind, ich mich ändern, alles tun werde, um sie glücklich zu machen. Bis drei Uhr morgens wächst der Altpapierberg. Und noch viele durchwachte, durchsoffene und durchschriebene Nächte werden in den kommenden Monaten folgen. Rote Rosen. Liebes-Kassetten: »Sorry seems to be the hardest word«. Und Liza Minelli: »If it takes forever – I will wait for you.« Mein Leben hat ein Ziel, und ich gehe ganz und gar darin auf. Tief in meinem Herzen überzeugt, dass wir am Ende wieder zusammenfinden müssen. Weil es das Schicksal so will. Weil unsere Liebe einzigartig ist.

Sie hat angerufen! Das hätte sie nicht getan, wenn ich ihr nichts mehr bedeuten würde – oder?! Sie sagt nichts dazu. Ist jetzt mit einem anderen zusammen. Aber sie liebt ihn nicht, wie sie mich geliebt hat, immer noch liebt – ich spüre es. Sie sagt nichts dazu. Wir verabreden uns. Sie hält das für keine gute Idee, eigentlich, aber gut, lass uns mal 'nen Kaffee trinken ...

Sie will mich wiedersehen! Das würde sie nicht, wenn

sie kein Interesse mehr an mir hätte – oder?! Auf keinen Fall werde ich sie das fragen. Nicht mit meinen Gefühlen bedrängen und sie nicht nach ihren fragen.

Nicht nach ihrem neuen Freund und nicht nach unserer Zukunft. Sondern einfach nur irgendwie gut rüberkommen. Locker. Souverän. Sie soll sich wohlfühlen in meiner Gesellschaft. Tagelang bereite ich mich mental darauf vor, locker zu bleiben! Dann kommt sie mit 20 Minuten Verspätung ins Café gehastet. Noch vor dem Hinsetzen schaut sie auf die Uhr, *ein fürchterlicher Tag heute, nichts als Ärger,* und sie hat sehr wenig Zeit, leider. Jetzt auf gar keinen Fall enttäuscht reagieren! Ich will ein Leben mit ihr, ich habe Geduld. Und bloß nicht von Liebe reden! Sie hat jetzt ohnehin keinen Kopf für Romantik, erzählt von einer Intrige im Büro, am Ende fragt sie mich um Rat. Dann prescht sie wieder los. Zwei Stunden später eine SMS: Da seien immer noch warme Gefühle, aber sie wisse nicht, ob sie mir je wieder vertrauen könnte. Sie davon zu überzeugen – das ist mein Lebensziel.

Beim nächsten Treffen gehen wir abendessen und verlieren uns ein bisschen in alten Zeiten. Ich verspreche, dass ich sie nicht unter Druck setzen, sondern auf sie warten werde. Dann fahre ich sie nach Hause, zu ihrem neuen Freund. Und es geht mir sehr, sehr schlecht. Einmal betrinken wir uns auf einer Party und tanzen zusammen und lachen, und es ist ein bisschen wie früher. Wir nehmen gemeinsam ein Taxi, aber nachdem ich sie bei ihrem Freund abgesetzt habe, halte ich es nicht mehr aus. »Nicht aushalten« klingt so nach Floskel. Aber jeder, der schon mal so richtig unglücklich verliebt und bitter-

lich heulend allein zu Hause saß – während die Ange-
betete die Liebe mit einem Neuen teilte –, der weiß, dass
es keine Floskel ist. Sondern dich zerreißt. Den letzten
Rest Vernunft in Stücke sprengt, der dir gebietet, sie
auf gar keinen Fall mitten in der Nacht bei ihrem neuen
Freund anzurufen. Weil das alles noch schlimmer macht,
und du dich hinterher noch viel kleiner und erbärmlicher
fühlen wirst. Obwohl das schwer vorstellbar ist. Noch
während du mit klopfendem Herzen auf das Freizeichen
hörst, befiehlt dir dein Verstand, ganz schnell aufzulegen
und das Desaster zu vermeiden.

»Ich hasse und ich liebe. Warum ich dies tue, fragst du viel-
leicht. Ich weiß es nicht, aber ich fühle, dass es geschieht,
und ich werde gequält.«
Catull, *Carmen 85*

Ich hab' nicht aufgelegt. Ich hab' die Fassung verloren.
Hab' sie angeschrien, warum sie mich hinhält und mit
mir spielt. Habe all meine schönen, reflektierten, sorgsam
eingeübten Sätze Lügen gestraft. Von wegen Geduld, guten Eindruck machen, nie Vorwürfe … Strategie gescheitert! Vorerst. Ich habe eine Schlacht verloren, aber noch
lange nicht den Krieg. Erst mal will sie mich nicht wiedersehen. Und ich solle aufhören, ihr Briefe zu schreiben,
weil ihr das unheimlich werde. Ungesund sei. Weil ich
mich lieber um mich selbst kümmern solle.

Vollgesoffen. Todunglücklich. »Unser« Lied mit 100 Watt
aus den Boxen. Selbstmitleidiges Herumhängen. Es ist alles
so scheißegal, so völlig scheißegal. Weiß noch genau, wie wir

das letzte Mal miteinander geschlafen haben. Vier Monate ist
das nun her. Und plötzlich werden's vier Jahre sein, 14 oder
40. Irgendwann belanglos, ob wir je miteinander geschlafen,
je gelebt haben. Warum es nicht einfach abkürzen, mir dieses
ganze Elend dazwischen ersparen. Zum Waffenschrank gehen,
die Pistole herausholen, mir den Lauf in den Mund stecken
und abdrücken. Warum nicht? Ist doch scheißegal. Vielleicht
tu' ich's irgendwann. Oh Gott, ich bin so verzweifelt, so un-
glücklich. Wozu lebe ich?

Mouton Rothschild 1962 – ich erinnere mich genau an den
Abend, als ich das in mein Tagebuch schrieb. Der wert-
volle Wein meines Großonkels, ein Erbstück, den ich
entkorkte, weil kein anderer Alkohol mehr da war. Der
Aschenbecher quoll über, Kippen auf dem Schreibtisch,
eine Weinlache. Ich sehe es bis heute, ich rieche es. Aber
ich habe keinerlei Gefühl mehr dazu. Nur Bedauern darüber, dass ich den kostbaren Wein so achtlos herunter-
gekippt habe. Schäme mich fremd für das eigene selbstmitleidige Geschreibsel. Kann mich beim besten Willen
darin nicht wiedererkennen. Aber mir war das ernst! Ich
glaubte, ohne sie nie wieder glücklich werden zu können.
Hielt es nicht für möglich, dass ich eines Tages würde
darüber lächeln können. Dass sie für mein Leben keine
Bedeutung mehr haben würde. Allen Ernstes erschießen
wollte ich mich wohl nicht, aber ich hätte nichts dagegen
gehabt, am nächsten Morgen einfach nicht mehr aufzu-
wachen. Es gab jedenfalls keinen triftigen Grund dazu.

> *»Adieu – ich sehe dieses Elends keinen anderen Ausweg*
> *als das Grab.«*
> Johann Wolfgang von Goethe,
> *Die Leiden des jungen Werthers*

Natürlich habe ich auf meiner Spurensuche nach dem
Wesen der Liebe auch *Die Leiden des jungen Werthers* noch
einmal gelesen. Ich mag ihn ebenso wenig wie den Verfasser meines Tagebuchs: narzisstische Typen in wehlei-
diger Selbstbespiegelung. Werther hatte noch nicht mal
was mit seiner Lotte gehabt – die war gebunden, er war
von vornherein chancenlos. Deshalb konnte er sich zu-
rechtspinnen, was immer er wollte und daran zugrunde
gehen, dass er's nie bekommen würde. Ich hatte immerhin mit meiner großen Liebe den Rausch eine Zeit
lang geteilt. Die Illusion von ewiger Leidenschaft gelebt.
Rechtzeitig, bevor mir ein Alltag diese Illusion hätte rau-
ben können, habe ich einen zerstörten Traum daraus gemacht.

»Die schönste Stelle im Werther ist die, wo er den Ha-
senfuß erschießt«, schrieb Goethes Zeitgenosse Georg
Christoph Lichtenberg, und ich kann ihm da nur aus vollem Herzen zustimmen. Der Typ ist einfach oberpeinlich.
Penetrant. Aber das sind diese Typen ja immer, die ihrer
großen Liebe hinterherjammern. Und damit allen anderen furchtbar auf den Geist gehen. So wie vorher mit Blit-
zen, vibrierender Luft und einem Kosmos, der den Atem
anhält. Oder mit Puzzleteilen im Universum.

Immerhin befinde ich mich in guter Gesellschaft – es
haben sich schon ganz andere bis zur Selbstaufgabe in

ihre Gefühle verrannt. Oder darüber hinaus. Unerreichbar für jeden Rat, eingeschlossen in einer ganz eigenen Welt. Und ob es nun Liebe oder Weltschmerz oder Leiden an sich selbst war, das uns trieb – wir waren Besessene. Wahrscheinlich kann man dagegen auch wenig machen, außer das Ganze zu überleben, weil es irgendwann von selbst wieder vorbeigeht.

Mit einer Pistole, die er sich ausgerechnet vom Gatten seiner Angebeteten leiht, erlöst mich der Werther von seinem selbstmitleidigen Gejammer. Der Schuss ist schlecht gezielt, Werther stirbt einen ganzen Tag lang röchelnd und elendig vor sich hin – Goethe erspart uns nichts. Sich selbst übrigens auch nicht, hier schrieb sich einer den eigenen Kummer von der Seele. Der junge Dichter und Jurist war unglücklich verliebt in die Verlobte seines Kollegen, Charlotte Buff.

Der *Werther* wird ein Welterfolg, liebeskranke Selbstentleibung kommt in Mode. Goethe schreibt: »Ich fühlte mich wie nach einer Generalbeichte, wieder froh und frei, und zu einem neuen Leben berechtigt.« Da ist er längst neu verliebt. Ein Leben lang wird er die Liebe jagen und verraten. Panisch flieht er vom Sterbebett seiner Frau. Wird davonlaufen und sich selbst betrügen, und er weiß das.

Kaum einer hat das eigene Tun so stark reflektiert. Die Abgründe der menschlichen Seele und die Kämpfe des Herzens in so anrührende Worte gekleidet. Und doch hat ihn all sein Genie nicht davor bewahrt, sich zum Narren zu machen: Mit 74 verliebt er sich ein letztes Mal – in die 19-jährige Ulrike von Levetzow.

Jeder von uns weiß so unglaublich viel über die Liebe. Über kein Thema ist mehr geschrieben und gedichtet worden. Längst hat die Wissenschaft das große Gefühl erforscht. Tausende Ratgeber sagen dir, was du tun und lassen musst, damit es klappt. Was immer dir widerfährt – irgend jemand hat's schon beschrieben. Wir wissen alles über die Liebe. Wir wissen es sogar, wenn wir uns sinnlos verrennen, in Selbstmitleid suhlen, in eine Katastrophe rennen, fatale Irrtümer begehen. Wir mögen besessen sein, aber deshalb nicht blind. Nur, was nützt uns das?!

Unseliger Catullus, lass die Narrheiten,
und was Du siehst verloren, laß als verloren gelten!
Dir glänzten einstmals Tage, leuchtend gleich Sonnen,
Da gab es Scherze, Liebesspiele unzählig,
die dir gefielen, und die ihr nicht missfielen.
Nun will sie nicht mehr - woll auch Du nicht, Haltloser;
verfolg sie nicht, die flieht und mach Dich nicht elend;
Fahr hin, Du Mädchen! Ja, Catullus ist standhaft!
Sucht Dich nicht mehr, fragt nicht nach Dir –
doch Du wirst bitter leiden, fragt nach Dir niemand.
Wer wird Dich suchen? Wen wirst Du lieben?
Wen wirst Du küssen, wem die Lippen wund beißen?
Doch Du, Catullus, werde hart und bleib standhaft!
Catull, *Liebesende: Schweig und ertrags!*

Anderthalb Jahre lang habe ich um meine verlorene große Liebe gekämpft. Was heißt gekämpft – ich bin ihr hinterhergekrochen wie ein geprügelter Hund. Habe gebrochenen Versprechen weitere hinzugefügt. Alten Lügen neue Unwahrheiten. Obwohl ich ahnte, dass es nie mehr so werden könnte wie in jenem Sommer verliebter Kinder. Dass die Realität eine andere sein würde, als ich sie mir in meinen schlaflosen Nächten ausmalte. Und doch tief in meinem Herzen überzeugt, dass nur sie mein aus den Fugen geratenes Leben wieder ins Lot bringen könnte – aus dem ich mutwillig und konsequent alles andere außer ihr vertrieben hatte. Auch als sie längst verheiratet war und Kinder hatte, habe ich des öfteren wehmütig an sie gedacht. Kein permanenter Schmerz – auch große Lieben verblassen, so wie man mit vielen verpassten Chancen oder unerfüllten Träumen recht komfortabel lebt. Aber wenn ich ein bestimmtes Lied hörte oder Parfum roch, ein Gericht aß, das wir mal gekocht hatten – dann versetzte mir die Erinnerung jedes Mal einen Stich.

Jede Frau, die ich kennenlernte nach ihr, habe ich mit ihr verglichen. Und natürlich konnte keine standhalten. Welcher Mensch aus Fleisch und Blut kann sich schon mit einem Traum messen?

In einem Pub in London bin ich mal mit einem Landsmann versackt, der in England seine glücklichste Zeit verbracht hatte. Als junger Mann mit einer großen Liebe und einer Band. Mit jedem Drink wurde er weinerlicher. Und ich dachte, dass es eine verdammt schlechte Idee war, zwanzig Jahre später mutterseelenallein das alte London-Feeling zu suchen. So ähnlich ist es mit Erinnerungen an große Lieben doch auch. Du kannst Gefühle nicht zurückholen – nicht mal mit derselben Frau. *All you need is love?* Das kannst du gar nicht wollen! Und es stimmt ja auch nicht. Gefühle sind ein Konglomerat zeitabhängiger Komponenten und Liebe ist bloß eines von vielen Dingen, die dein Seelenheil ausmachen. Selbst wenn viele meiner glücklichen Erinnerungen einen Frauennamen tragen – aber es lief auch sonst gerade alles rund in meinem Leben, als ich meiner großen Liebe begegnete: Ich war Anfang 30, machte Karriere, kaufte ein Segelschiff. Es waren aufregende Zeiten voller Glück und Triumphe, Anfänge und erste Male, und ich liebte eine wundervolle Frau … Fliegen, Versprechen, Frühlingsmorgen, Achterbahn, Fest – ich war süchtig nach diesem Rausch, wollte nie wieder nüchtern werden. Suchte jedes Mal wieder die ewige Leidenschaft. Aber viele der Momente, die ich als Bilder ins Buch meiner glücklichen Erinnerungen geklebt habe, waren in Wirklichkeit ganz allein meine Momente. Und die Frau war halt dabei.

Doch das habe ich nicht gesehen in meinem Kummer über den Verlust der großen Liebe. Vielleicht wollte ich auch leiden. Es tat weh, aber es war intensiv. Ich habe mich gespürt in diesen Momenten. Aber es waren meine Momente. Und die Frau war halt nicht dabei.

»Es müsste schlimm sein, wenn nicht jeder einmal in seinem Leben eine Epoche haben sollte, wo ihm der Werther käme, als wäre er bloß für ihn.«
J. W. v. Goethe 1824, 50 Jahre, nachdem sein *Werther* erschienen war

---

Viele Jahre später habe ich meine große Liebe noch einmal wiedergetroffen. War beruflich in ihrer Stadt und habe sie angerufen. Neugierig, mit klopfendem Herzen. Begegnungen mit Verflossenen können ganz unterschiedliche Gefühle auslösen. Am irritierendsten ist es, wenn man sich gar nichts mehr zu sagen hat. Wenn die Frau, mit der du mal Zukunft geplant hast, dir so fremd und fern ist in ihrem Denken, ihren Gefühlen, ihrer Lebenseinstellung, dass du dich fragst, wie du jemals mit ihr zusammen sein konntest.

Manchmal brechen alte Verletzungen und Konflikte sofort wieder auf, und ruckzuck geratet ihr euch in die Haare, sie wirft dir Vorwürfe an den Kopf, du rechtfertigst dich. Verlässt verärgert das Lokal und murmelst »blöde Kuh« in dich hinein. Oder du spürst, dass du sie immer noch liebst. Du bist längst mit einer anderen glücklich; die alte Geschichte ist verblasst. Spielt keine Rolle mehr in deinem Leben. Dachtest du! Aber plötzlich ist alles wieder da: Ihr Lächeln trifft dich direkt ins Herz. Ein ganz schmerzhafter Stich. Weil sie heute deine Frau und die Mutter deiner Kinder sein könnte, wenn du es damals nicht vermasselt hättest.

Ihr Lächeln traf mich tatsächlich mitten ins Herz. Und ließ dort wunderschöne Bilder lebendig werden. Ich sah uns zehn Jahre zuvor in einem anderen Café, roch ihr Parfum auf dem Kopfkissen, hörte ihre Stimme zärtliche Worte sagen. All die längst verschütteten Gefühle waren da. Aber kein Stich. Es waren eindeutig *alte* Gefühle. Erinnerungen. Wahrscheinlich könnte ich mich wieder in sie verlieben, wenn ich sie heute ganz neu kennenlernte. Aber unsere Geschichte liegt hinter uns. Und es tut nicht mehr weh. Das so oft gespielte »Was-wäre-wenn«-Spiel ist durch. Ich habe sie betrogen und sehr verletzt – aber auch das spielt keine Rolle mehr. Ich bin längst nicht mehr derselbe. Es tut gut, sie zu sehen; es ist ein glücklicher Moment. Ich mache meinen Frieden mit der Vergangenheit. Kann stolz auf das blicken, was ich aus meinen Fehlern, aus meinem Leben gemacht habe.

Es ist schön, dass sie ein Teil davon ist. Dass ich sie lieben durfte und von ihr geliebt wurde. Ein Teil von mir wird sie lieben, solange ich lebe. Von jeder wahren Liebe bleibt etwas zurück. Und das sollte man pflegen und bewahren, damit es die Seele reicher macht. Und vor allem klüger. Ich habe in den vergangenen Jahren so oft versucht, sie mir aus dem Herzen zu reißen. Aber da hat sie nun mal ihren Platz, und da mag sie gerne bleiben. Und mich nicht mehr hadern lassen, sondern lächeln.

»Heinrich, der Wagen bricht!« – »Nein, Herr, der Wagen nicht – es ist ein Band von meinem Herzen, das da lag in großen Schmerzen …«
Gebrüder Grimm, *Der Froschkönig*

Hätte sich der Werther nicht erschossen, hätte er vielleicht auch irgendwann wieder lächeln können. Vielleicht hätte er Lotte aber auch noch gekriegt. Ihr Gatte wäre gestorben oder sonstwie verschwunden – und Werther hätte sie heiraten können. Sie wären zusammen in ein schnuckeliges Fachwerkhäuschen in Wetzlar gezogen und hätten Kinder bekommen, eins nach dem anderen. Vielleicht hätte ihm das seine Schmachterei ganz schnell ausgetrieben. Vielleicht wären sie aber auch sehr, sehr glücklich miteinander gewesen.

Eine Frage der Ehre

Die beste Rolle für einen Mann ist natürlich die des Löwen. Des Königs der Tiere, den sie alle fürchten – obwohl er den ganzen Tag nur bräsig in der Sonne döst. Seine Frauen jagen und bringen ihm die Beute und warten, bis er die besten Stücke gefressen hat. Danach schläft er ein, und sie stehen auf und kümmern sich um die niedlichen Löwenbabys. Hört sich nach 'nem verdammt guten Männerleben an. Ist aber außer in arabischen Ländern nicht mehr machbar. Drachentöter, Revolverheld, Kriegsherr, Bergarbeiter – alles Auslaufmodelle – wie die Ballkönigin bei den Frauen. Wir brauchen also eine neue Rolle! Wollen wir weinerlich oder stolz, hilfreich oder bedrohlich sein? Plädoyer für einen neuen Gentleman.

Womöglich könnte ich heute Kanzler oder Millionär oder zumindest Familienminister sein, hätte ich nicht in fruchtlosen Liebesdramen so unglaublich viel Kraft und Energie verschleudert. Völlig sinnlos und überflüssig vergeudet. Weil es natürlich absurd ist, erst leichtfertig Porzellan zu zerschlagen, und es dann mühsam wieder kitten zu wollen. So ein bisschen unreife Allmachtsfantasie – dass ich alles reparieren kann, wenn ich nur will. Es gibt keinen Anspruch auf Vergebung. Wenn sie nicht mehr will, respektier' ich das und trag' die Konsequenzen. Rück' ihr aber nicht auf die Pelle. Mit meinem schlechten Gewissen und meiner Reue und Bettelei um eine neue Chance. Weil ich ohne sie nicht leben kann. Wieso sollte sie das interessieren?

Wie kam ich bloß auf diese bescheuerte Idee, sie an Weihnachten bei ihren Eltern zu überraschen?! Zu zeigen, wie ernst es mir mit ihr ist, dass ich in die Höhle des Löwen marschiere und ihrem strengen Vater gegenübertrete. Schon die Vorstellung ließ mich derart frösteln, dass ich es für einen genialen Plan hielt, ihr dieses Opfer zu bringen.

Was habe ich erwartet? Dass sie mir um den Hals fällt? Das vielleicht nicht, aber sie hätte anerkennen können, wie viel Kraft und Überwindung mich dieser Akt gekostet hat. Statt mich so eiskalt und verächtlich abblitzen zu lassen. Mich unnötigerweise so zu demütigen und tief zu verletzen. Ernsthaft – so habe ich das damals gesehen.

Habe nicht einen klitzekleinen Gedanken darauf verschwendet, in welch peinliche Situation ich sie mit meinem Überfall bringe. Aber was hat es mit Liebe zu tun, Gefühle und Wünsche der Angebeteten so komplett aus dem Blick zu verlieren? Briefe und Blumen zu schicken, die sie nicht haben will?

Ich kenne auch die andere Seite. Die Frau, die überzeugt war, sie und ich wären füreinander bestimmt. »Ich liebe dich nicht«, sagte ich, und sie antwortete: »Doch, das tust du – du willst es bloß nicht wahrhaben.« Irgendwann habe ich aufgehört, ihre Briefe zu lesen. Sie ungeöffnet in die unterste Schreibtischschublade geworfen. Du kannst ja keinen Brief ins Altpapier schmeißen – wo sich jemand anderer so viel Mühe gegeben hat. Aber damit fängt's ja schon an. Dass sie dir ein schlechtes Gewissen macht. Dass du dich irgendwie verantwortlich fühlst für ihre unerbetenen Gefühle. Eines Abends klingelt sie Sturm an meiner Tür. Sie will, sie muss mit mir reden. Aber ich nicht mit ihr. Ob ich glaubte, ihr mache das Spaß, mitten in der Nacht durch die halbe Stadt zu radeln … Gut, ich rede mit ihr. Um ihr einfach mal ganz ruhig, vernünftig und unmissverständlich klarzumachen, dass sie sich verrennt. Sich nur selbst weh tut. Aber wir leben auf verschiedenen Planeten. Bei ihr bleibt hängen, dass wir in meiner Wohnung Wein getrunken und uns gut unterhalten haben. Das würde ich ja nicht tun, wenn sie mir nichts bedeutete – oder?!

Nachts um drei klingelt das Telefon. Ich bin schlagartig hellwach, weil ein Anruf um diese Uhrzeit nichts Gutes bedeuten kann. »Warum wehrst du dich so gegen deine Gefühle?«, fragt ihre Stimme aus dem Hörer. Einmal steht sie nachts vor dem Haus auf der Straße. Steht einfach nur da und schaut hoch zu meinem Fenster. Ich beobachte sie mit klopfendem Herzen, die ganze Zeit auf das Schrillen der Türklingel gefasst. Aber es passiert nichts. Sie steht einfach nur da.

Ihre Besessenheit ist manchmal ein bisschen unheimlich, meistens aber bloß lästig. Als Bedrohung empfinde ich sie nicht. Habe keine Angst, dass sie ausrasten könnte. Und selbst wenn – was soll sie machen? Mir die

Nase brechen, mich verprügeln, meine Tür eintreten? Sie ist ein zierliches Persönchen, ich könnte sie mühelos hochheben. Einfach so. Wäre sie ein Zwei-Meter-Muskelprotz gewesen, hätte ich mir sicher mehr Sorgen gemacht.

Natürlich ist es etwas völlig anderes, wenn ein Mann eine Frau bedrängt. Auch wenn er nicht gefährlich ist – aber er könnte es sein. Einfach weil er stärker ist. Und es sind ja auch fast immer Typen, die ausrasten. Aus einem zweifelhaften Besitzanspruch heraus Türen eintreten, die Familie über den Haufen schießen – oder einfach nur weinend im Hausflur der Ex sitzen, ohne jede Rücksicht darauf, in welch unangenehme Lage sie die über alles geliebte Frau damit bringen. Typen, die einer Frau an der Theke mit ihrer ganzen physischen Präsenz auf die Pelle rücken. Ihre Körperkraft macht Männer per se für Frauen bedrohlich.

Und zwar nur noch bedrohlich, glaubt der Schriftsteller Ralf Bönt. Während starke männliche Arme früher durchaus dringend gebraucht wurden. Um Pflüge zu ziehen, Steine zu schleppen, Schiffsrümpfe zu nieten – all das, was Frauen mit modernen Maschinen heute genauso gut können. Unsere Muckis sind keine Hilfe mehr, sondern nur noch ein Risiko. »Männliche Körperkraft wurde entehrt!«, klagt Bönt, der Verfasser des neuen *Manifests für den Mann*.

Doch auch heute könnten Männer ihre Muskeln durchaus noch zu Ehren bringen. Indem sie etwa der zierlichen

Dame im Zug den schweren Koffer aus dem Gepäckfach wuchten. Aber der klassische Gentleman ist ja nun leider ausgestorben, klagen Frauen immer häufiger. Dafür können wir Männer allerdings nichts. Wir würden schon gern ein bisschen netter und hilfsbereiter sein. Wenn ihr uns denn ließet!

Die Frauen selbst nämlich haben den Gentleman abgeschafft. Das schreibt Christoph Scheuermann im »Spiegel«. Weil dieser seine Hilfsbereitschaft nur entfalten könne, wenn es jemanden gebe, der Hilfe brauche. Die Frauen hingegen hätten sich sehr angestrengt, stark zu sein und nicht aufs Weibliche reduziert zu werden. Mit Verlaub, aber das ist Rüpel-Argumentation: Ihr kriegt doch sonst auch alles hin – also seht doch zu, wie ihr eure Koffer auf den Bahnsteig bekommt ...

»Niemand ist den Frauen gegenüber aggressiver oder herablassender als ein Mann, der seiner Männlichkeit nicht ganz sicher ist.«
Simone de Beauvoir

Es ist vor allem ziemlich weinerlich. Diese selbstmitleidige Wehleidigkeit meiner Mit-Männer in diesem neuen medialen Geschlechterkampf: Pah, ihr Frauen seid selbst schuld, dass wir so sind. Weil ihr uns alles abgeschliffen habt – alle Ecken und Kanten und alles, was männlich ist. Junge Frauen – erklärte Christoph Scheuermann im »Spiegel« – wüssten ja selbst nicht, wie der Mann nun sein solle: weich oder hart – Daniel Brühl oder Heiner Lauterbach.

Na, wie hätten Sie's denn gern, meine Damen? Aber wieso sollten sich die Frauen unseren Kopf machen? Das müssen wir doch selbst rausfinden – wer wir sind und was unser Geschlecht ausmacht. Und welchen Part wir übernehmen wollen, nachdem die alten Rollenmodelle ausgedient haben. Wir sind so irgendwo gar nix Richtiges mehr, so dazwischen. Oder wie eine andere Autorin beklagt: »Der junge Mann ist vom Hai zum Aal degeneriert.« Ein Verpisser! Das ist keine gute Rolle! Sollen wir jetzt tatsächlich die Frauen fragen, ob sie nicht eine neue Rolle für uns haben? Und wieso haben die Frauen den Gentleman selbst abgeschafft, wie Christoph Scheuermann behauptet? Haben die Frauen mir da reinzureden – wenn ich gern ein Gentleman sein möchte? Ich glaube nämlich, dass es eine verdammt gute Rolle für den neuen Mann sein könnte. Dass es dem Miteinander der Geschlechter sehr zugute käme, wenn die Männer ein wenig mehr *gentle* (liebenswürdig, freundlich) wären. Und auch ein bisschen gelassener. Der Gentleman wäre zugleich eine sehr männliche Rolle, weil sie die Körperkraft nicht als bedrohlich schmäht, sondern als hilfreich ehrt. Ein Gentleman würde sich einer Frau gegenüber niemals respektlos benehmen. Er würde sich überhaupt nie irgendeinem anderen Menschen gegenüber acht- oder respektlos oder unhöflich verhalten – unabhängig von dessen Stellung oder Alter. Ein Mann, der seelenruhig ignoriert, wie sich das Zimmermädchen im Hotelflur mit der Schwingtür und dem schweren Wäschewagen abmüht, der mag reich, berühmt und mächtig sein und 2000 Dollar für die Suite bezahlt haben – aber er ist kein Gentleman.

Ein Gentleman drängt sich auf der U-Bahn-Treppe nicht an einer gehbehinderten Oma mit Einkaufstasche oder einer Mutter mit Kinderwagen vorbei, weil er's eilig hat, es ungeheuer wichtig ist, keinen Aufschub duldet. Es geht um die Prinzipien der Hilfsbereitschaft und Höflichkeit, des menschlichen Miteinanders. Und das setzt ein Gentleman nicht aufs Spiel wegen eines beruflichen Termins. »Ein Gentleman versucht allseits, den Menschen um sich herum ein Höchstmaß an Wohlwollen zu erteilen«, heißt es in dem Film *Eve und der letzte Gentleman*. Ein Gentleman lässt nicht seine Putzfrau den schweren Staubsauger ins Obergeschoss schleppen, und er lässt nicht sie die Spuren seiner wilden Liebesnacht beseitigen. Weil das respektlos wäre – und ein Gentleman alle Menschen mit Achtung behandelt. Ein Gentleman ist höflich und hilfsbereit, weil es seinem Wesen entspricht, nicht weil er damit einen Zweck verfolgt. Ein Gentleman ist seinen Mitmenschen gegenüber achtsam. »Ehrenmann« kann man wohl auch sagen.

Und ein Ehrenmann würde auch keiner Frau Liebe vorspielen, um sie ins Bett zu kriegen. Weil das ebenfalls respektlos ist. Ein Gentleman nutzt die Schwäche anderer nicht aus, sondern ist hilfreich. Trägt eine betrunkene Frau ins Bett, deckt sie zu (ohne sie vorher ausgezogen zu haben!) – und zieht sich dann diskret zurück. Einem Gentleman ist seine innere Haltung wichtiger als sein Vergnügen – oder die Befriedigung seines Egos. Das hat der im Übrigen auch gar nicht nötig. Und ich meine hier keinen Schluffi, der einen Gentleman spielt oder lustlos irgendwelche Benimmregeln befolgt. Ich meine die innere Haltung. Du kannst das auch üben. Und du wirst erleben, wie sich die Welt verändert, wenn du ihr freundlich und wohlgesonnen begegnest. Und wie das wiederum dich verändert. »Im Gentleman«, sagt Martin Scherer in seinem Buch *Der Gentleman – Plädoyer für eine Lebenskunst,* »verdichten sich in besonderer Weise Reflexion und Erfahrung, stolze Einsamkeit und soziale Kultur.« Schlechte Manieren sind leider ansteckend – aber Höflichkeit und Freundlichkeit zum Glück auch. Ein Gentleman ist ein Mann, über dessen Auftauchen sich eine Frau freut, und der kein Unbehagen auslöst. Auf jeden Fall die sehr viel sympathischere Rolle als die des Rüpels und die coolere als die des Wollmützenschluffis.

»Ein Gentleman ist ein Mann, in dessen Gesellschaft die Frauen zu blühen beginnen.«
Jeanne Moreau

Tatort und getrennte Rechnungen

Woran denken Männer nach einer Trennung meist als Erstes?
Richtig – an eine neue Frau! Durchforsten die »Altbestände«
in ihrem Telefonverzeichnis, verabreden sich mit Kolleginnen
zum Wein. Mal schauen, was so geht. Während Frauen nach
dem Schlussstrich oft aufblühen, verlieren Männer häufig die
Konturen und verwahrlosen. Darum wollen sie sich so schnell
wie möglich wieder unter einen Rockschoß flüchten. Wieso tun
wir uns oft so schwer mit dem Alleinsein – obwohl der einsame
Wolf im Film doch unsere Lieblingsrolle ist? Und auch im ech-
ten Leben gar nicht so übel …

»Wir sind die Generation Männer, die von Frauen erzogen wurden. Glaubst du, dass eine weitere Frau das Problem lösen würde?!« Übermütig recke ich die Bierflasche
in Richtung Fernseher. Ich liebe dieses Zitat! Ich liebe
diesen Film! Habe *Fight Club* mit Brad Pitt schon mindestens drei Mal gesehen. Kann die Dialoge mitsprechen.
Aber bei Lieblingsfilmen macht das nichts, die werden
sogar mit jedem Mal besser. Natürlich würde eine weitere Frau das Problem nicht lösen. Das hab' ich schon im-

mer gewusst. Aber jetzt hab' ich endlich ernst gemacht. Gar nicht lange her, dass ich an den Wochenenden bei meiner Freundin in Hamburg war. Oder sie mich in London besucht hat, wo ich damals als Korrespondent arbeitete. Ich muss mich nicht mehr mit ihr abstimmen. Keine Paarzeit organisieren. Ich habe mich getrennt! Und es gibt keine Neue! Eine Premiere in meinem Leben! Es war der Schlusspunkt hinter einen langen, quälenden Kampf zwischen meinem Kopf und meinem Herzen. Gespräche, die im Geiste geprobt und dann doch wieder aufgeschoben wurden. Sich im Bett verflüchtigten, oder weil es aus irgendeinem anderen Grund gerade nicht passte.

Kennengelernt hatten wir uns, als ich ganz frisch in London war. Sie gab mir die Kraft, mich aus einer kräftezehrenden, zerstörerischen Beziehung zu lösen. Ich war fasziniert, weil sie so gänzlich anders war, so ruhig, sanft und besonnen. *Sie hat mich geerdet,* schwärmte ich meinen Freunden vor. Ich war schwer verliebt – aber womöglich eher in das Verliebtsein als solches: zusammen aufwachen, händchenhaltend über den Markt gehen und frische Brötchen beim Bäcker und Aufschnitt beim Metzger holen und gemeinsam frühstücken und die Zeitung lesen. Sekt trinken, ins Grüne fahren, knutschen im Park.

Und dann war es sowieso schon wieder Sonntagabend, Aufbruch zum Flughafen, London-Heathrow oder Hamburg-Fuhlsbüttel. So vergingen die Monate, wir wurden ein Paar, und wenn ich zu spüren glaubte, dass wir uns nicht wirklich nah waren, schob ich es auf die Fernbeziehung. Manchmal sprachen wir darüber, daran etwas zu ändern. Nicht gleich, wir hatten beide Jobs, aber auf Dauer sei es ja so nichts, und man müsse schon mal nachdenken, wie es weitergehen solle. Tief in meinem Herzen sagte mir eine leise Stimme, dass vermutlich nur die Distanz unsere Beziehung am Leben hielt.

Die gemeinsame Zeit war zu kurz, um sich auf die Nerven zu gehen – die Trennungsphasen lang genug, um sich nach einander zu sehnen. Ich hatte mein Leben und meine Ruhe in London und eine Freundin in Hamburg. Das machte den feinen Unterschied zwischen Alleinseindürfen und Alleinseinmüssen.

Als sie von Trennung sprach, weil sie sich allein fühlte und ihr das alles zu wenig war, setzte ich mich in den nächsten Flieger und stand mit Blumen vor der Tür. Sie war eine wunderbare Frau und ich ein Idiot, wenn ich das nicht sah.

Natürlich war sie das – aber das ist doch gar nicht der Punkt. Entscheidend ist, ob du sie liebst. Es ist schon faszinierend, wie wortgewaltig der Verstand zuweilen Herzenseinwände niederbrüllt: *Man kann sich schließlich keine backen, und man muss nun mal Kompromisse machen in einer Beziehung.* Und ich hatte nun wahrlich schon schlechtere gelebt, sehr viel schlechtere. Nach all den dramatischen Stürmen großer Gefühle war es angenehm, endlich in ruhigem Fahrwasser zu segeln. Wir gingen meistens freundlich und respektvoll miteinander um, raubten uns gegenseitig nicht allzu oft den Nerv und hatten gemeinsame Interessen. Und was immer auch passierte, sie würde mir nicht das Herz brechen können. Es gab keinen Grund, sich zu trennen.

Dabei wusste ich tief drinnen ganz genau, dass mir irgendwann ein Grund begegnen würde. Dass ich sie verlassen würde für eine andere. Dass ich festhielt – und weitersuchte. Eine neue Retterin, die mir die Kraft geben würde, mich endlich zu lösen von der alten … *Ich kann es nicht ertragen, dir so weh zu tun, aber dagegen bin ich machtlos.* Ich sah das alles so glasklar vor mir, ich hatte das so oft erlebt, so schamlos gelogen in offenen letzten Aussprachen. Müsste eigentlich nur die Namen austauschen. Es kotzte mich so an. Dass ich meine Freundin benutzte, dass ich mich selbst verarschte.

In vier Wochen ist Weihnachten. Wenigstens muss ich mir keine Gedanken mehr machen über ein Geschenk. Es ist mein drittes Wochenende nach der Trennung. Wolkenlos blauer Himmel, Sonne und Schnee. Ich habe die Vorhänge zugezogen – eine Schande, bei dem schönen Wetter hier in der Bude rumzuhocken. Aber wen kümmert's. Niemand, der sagt, lass uns doch rausgehen … Einfach nur schäbig im Schlafanzug abhängen. Computer spielen, DVD glotzen, ein neues Bier aufmachen. Ohne sich schlecht zu fühlen, weil es ja wohl 'n bisschen früh ist zum Trinken … Angetrunken einschlafen. Einen Milchkaffee im Bett zum Aufwachen, leicht verpennt 'n bisschen im Internet surfen, den Vorhang aufziehen: Ach, guck mal an – es wird schon dunkel.

Blaue Stunde. Vorweihnachtszeit. Kitschige bunte Lichterketten hängen in den Fenstern. Es hat etwas Gemütliches. Im Haus gegenüber kann ich ein Paar in der hell erleuchteten Küche beobachten. Sehe nur ihre Oberkörper, die sich hin und herbewegen – zwischen Herd und Tisch vermutlich. Ein flüchtiger Kuss, er hält ein Weinglas in der Hand. Ich sehe sie lachen – und spüre den Stich im Herzen.

Wenn ich ein Bild meiner Sehnsüchte von Liebe, Wärme und trauter Zweisamkeit zeichnen sollte, wäre es ein Sonntagabend in der Küche. Gemeinsam kochen, Gemüse putzen, schnippeln, Fleisch anbraten... Ganz entspannt am Herd stehen und ein Gläschen Wein dazu trinken. Den Tisch decken, Kerzen anzünden, plaudern, das Essen genießen. Gemeinsam die Spülmaschine einräumen, es sich auf dem Sofa gemütlich machen, den Rest vom Weltspiegel mitkriegen und die Tagesschau gucken – und den Tatort. Und dazu Milka-Noisette-Schokolade essen, die ganze 300-Gramm-Tafel.

Aber ich darf mir jetzt nicht selbst in die Falle gehen. In der letzten Zeit war es selten entspannt gewesen mit meiner Freundin. Zuviel Unausgesprochenes. Übertüncht durch Rituale, vermieden, ausgewichen, vertagt – aber es hatte trotzdem ständig irgendwo im Hintergrund geschwelt. Versteckte Vorwürfe oder bleischweres Schweigen. Konnte jederzeit aufflammen – entzündet auf Nebenkriegsschauplätzen. Umeinanderherumschleichen auf Samtpfoten. Reizwörter und Konfliktthemen ängstlich umschiffen. Auf der Hut sein. Gemeinsam kochen, schnippeln, brutzeln. Sie hantiert schweigend mit dem Messer, eine tiefe Wutfalte auf der Stirn, ich kippe hektisch den Wein runter. Voller Groll, mein Magen auf Walnussgröße zusammengekrampft.

Mit Freuden hätte ich damals getauscht mit dem einsamen Mann im Bademantel und seinem Bier hinter meinem Fenster. Ich hebe die Flasche – proste dem Paar im Fenster gegenüber zu. Sie sehen mich natürlich nicht, haben offensichtlich Spaß. Ich sehe ihre offenen Münder, zuckende Schultern, rudernde Arme – ausgelassenes, albernes Gelächter. Es sieht komisch aus, so ohne Ton ...

Es liegt nicht an dir! Du bist eine wunderbare Frau – ich bin vermutlich beziehungsgestört, kann mich nicht einlassen... blablabla ... und eigentlich kann sie froh sein, weil sie was Besseres verdient hat. Wahrscheinlich stimmt es sogar! Dass ich immer nur wegrenne. Weil ich aus irgendeinem perfiden Grund auf Teufel komm raus nicht glücklich sein will. Obwohl es doch so einfach wäre, wenn ich endlich mal über meinen Schatten spränge. Mich fallen ließe. Vertrauen würde. Ich habe ihr nie wirklich eine Chance gegeben. Weil ich mich nicht festlegen wollte. Sie war nicht zickig, Senzel – sie war unsicher! Und das hättest du ihr ganz einfach nehmen können. Oder geht's dir jetzt etwa besser? Noch so 'n Wochenende, und ich werde trübsinnig.

Die beiden im Fenster gegenüber halten sich in den Armen. Er küsst sie zärtlich auf die Stirn. Hat ihr irgendwas in den Mund gesteckt, und es scheint ihr sehr gut zu schmecken. Durch mein Fernglas kann ich ihr Lachen und sogar ihre Augen (grünbraun) sehen. Ich bin ein einsamer Mann, der seinen Sonntagabend damit verbringt, seine Nachbarn mit einem Jagd-Feldstecher zu beobachten – das ist ein ungemein deprimierender Gedanke.

Ob sie mich vermisst? Oder hat sie schon einen Neuen? Und wieso stört mich der Gedanke? Vielleicht sollte ich sie mal anrufen, hören wie's so geht … Ja klar, und wenn du wieder in Hamburg bist, trinkt ihr mal 'n Wein zusammen oder geht mal essen, oder so. Und alles ist so nett und vertraut, und irgendwann schaut man wieder gemeinsam Tatort – macht ja keinen Sinn, dass jeder allein in seiner Bude hockt. Und eh ich's mich versehe, werde ich wieder zwischen London und Hamburg pendeln. Mich wieder unwohl fühlen, aber es laufen lassen. Aus schlechtem Gewissen. Weil du so 'ne Nummer nicht zwei Mal bringen kannst. Und ihr ein Jahr später den finalen Schlag versetzen – wenn es eine Gründin gibt. Leg mal 'ne neue Platte auf, Alter! Und trink nicht so viel, das macht rührselig und anfällig für Schwachheiten und Anrufe …

Im Fenster gegenüber brennt kein Licht mehr. Wahrscheinlich sind meine beiden ins Schlafzimmer gegangen.

Ich liebe sie nicht – was heißt das schon? Wohin haben mich denn all meine großen Dramen gebracht? Wärmt nicht die stille Glut am Ende mehr als die lodernde Flamme der Leidenschaft? Was hat mich so gestört an ihr? Sie ist klug, attraktiv, sie kommt mit meinen Freunden klar, kann das Leben genießen. Hat Humor. Nicht meinen – aber gut … Obwohl mich das schon irritiert hat. Dass ich mit ihr nicht mal so rumalbern und blödeln konnte. Dass sie so vernünftig und abwägend war. Ich kam mir immer vor wie der letzte Trottel, wenn ich einen doofen Witz machte und sie sich ein gequältes Lächeln abrang und dabei die Augenbraue hochzog. Und sie hatte einen leicht kleinkarierten Zug: Hat bei unserem ersten Treffen auf getrennten Rechnungen bestanden. Selbstständigkeit bewahren, Unabhängigkeit demonstrieren – alles klar. Aber ein Mensch, der eine Essenseinladung ernsthaft für den Teil eines Handels hält – der tickt auf einer anderen Wellenlänge als ich. Wir reden über ein Essen! Wir müssen nicht darüber diskutieren, für manchen mag es sicher gute Gründe für getrennte Rechnungen geben – aber es ist halt nicht meine Welt. Weil solche Menschen das dann auch in ihren Beziehungen fortsetzen: getrennte Rechnungen. Sie hauen dich nicht übers Ohr, da musst du keine Angst haben, sie sind meist unglaublich korrekt.

Aber spätestens wenn ich mich dem Vorwurf ausgesetzt sehe, gedankenlos zu sein und sie zu übervorteilen, bin ich im Rechtfertigungszwang. Weil ich mir keinen Kopf darüber mache, wer wann welche Rechnung bezahlt. Und jetzt anfange, im Kopf ärgerlich aufzurechnen, um die Waagschale zu meinen Gunsten zu senken. Spiele auf einer Ebene, die ich eigentlich gar nicht will. Aber das merkst du halt erst später, weil dir solche vermeintlichen »Kleinigkeiten« am Anfang nicht so wichtig erscheinen.

Ich hab' das ja teilweise auch bewundert – ihr Geschick für Finanzen. Sie hatte eine Dreiviertelmillion auf der hohen Kante – und ich gar nichts. Ich war mir sicher: Ein Verschwender und ein Geizhals würden sich gut ergänzen. Der eine wird ein bisschen lockerer und der andere ein Stück vernünftiger. Aber Menschen ändern sich nicht, auch nicht durch Liebe. Du musst sie nehmen, wie sie sind. »Auf jed' Dippche passt sei Deckelche«, sagte meine hessische Oma. Du kannst dir für einen anderen Menschen das Rauchen abgewöhnen – aber keine Lebenseinstellung!

Im Oberstübchen sitzt der Intellekt und schaut dem
Treiben zu. Er sagt zum Willen:
»Alter! Lass es sein! Es gibt Verdruss.«
Aber er hört nicht. Enttäuschung, kurze Lust und lange
Sorge, Alter, Krankheit, Tod,
sie machen ihn nicht mürbe; er macht so fort. Und treibt es
ihn auch tausend Mal aus seiner Haut,
er findet eine neue, die's büßen muss.
Wilhelm Busch in einem Brief vom 25. Mai 1875

Vielleicht verschmelzen meine beiden vom Fenster gegenüber auch gar nicht miteinander, sondern zoffen sich ganz banal ums Fernsehprogramm. Und er sitzt jetzt grummelnd mit ihr vor dieser Rosamunde-Pilcher-Schmachtscheiße, obwohl auf BBC 3 *Die Caine war ihr Schicksal läuft* – mit Humphrey Bogart. Oder *Stirb langsam* mit Bruce Willis.

Frauen finden solche Filme ja meistens langweilig, weil da die ganze Zeit nur geballert und geprügelt und autoverfolgt wird und Männer mit zusammengekniffenen Augen den Horizont absuchen. Weil nicht geknutscht wird. Nicht gequatscht. Jedenfalls nur das Nötigste. Und Frauen allenfalls am Rande vorkommen. Feindliche Agenten um die halbe Welt jagen und dabei in luxuriösen Casinos ein Vermögen an Staatsknete verzocken, Bomben entschärfen und die Welt retten – oder doch wenigstens Angelina Jolie. Heiße Küsse. Aber nicht heiraten und Beziehungsarbeit leisten. James Bond als treusorgender Familienvater – das geht gar nicht! Dass ihm seine Frau morgens sagt, er solle aber bitte immer eine lange Unterhose tragen beim Weltretten und gut auf sich aufpassen. Einen einzigen Bond-Film gab es, da heiratete 007 – und wurde aber auch ganz schnell Witwer. Zur Strafe für diesen Unsinn durfte George Lazenby dann auch nie wieder James Bond spielen. Echte Helden lassen sich eben nicht festketten! Die machen ihr Ding. Haben Spaß! Frauen fangen Männer ein für den Ernst des Lebens. Schluss mit lustig! Immer wieder dasselbe Klischee. Wenn er über die Stränge schlägt, steht sie schon mit dem Nudelholz hinter der Tür. Walter Giller, Heinz Erhardt und Hans-Joachim Kulenkampff auf der Flucht vor ihren Frauen: im Film *Drei Mann in einem Boot*. Frauen sind anstrengend. Machen Stress, wenn ich lieber mit meinem Kumpel um die Häuser ziehen oder die Welt retten will, anstatt mit ihr ins Theater zu gehen. Oder zu Ikea zu fahren. Aber wieso lasse ich mich dann immer wieder einfangen – wenn es mich doch so nervt? Statt als einsamer Krieger durchs Leben zu ziehen. Die Frau als ständige Bedrohung männlicher Freiheit. Wer daran glaubt, wird irgendwann mit genau diesem Leben bestraft. Sie nörgelt, ich schweige. Verdrehe genervt die Augen: *Wieso müssen Frauen immer Stress machen?*

»Was willst du eigentlich?«, fahre ich sie an.

»Nein – die Frage ist: Was willst du?«

»Was soll ich denn wollen?! Ist doch alles wunderbar, so wie's ist.« Aber selbst das war ja gelogen. Soviel Unbehagen, Groll und sogar Verachtung in der Liebe. Als wäre ich ihr ausgeliefert. Weil ich immer wieder Dinge geschehen ließ – aus Angst vor dem Verlassenwerden. Und dann glaubte, nicht mehr zurück zu können. Einmal bin ich sogar mit einer Frau zusammengezogen – und habe am Vorabend in mein Tagebuch geschrieben, dass ich es für einen Fehler halte, *aber das hätte ich mir vorher überlegen sollen, ich kann den Möbelwagen jetzt schlecht wieder wegschicken.* Obwohl es vermutlich besser gewesen wäre, als hinterher die Möbel alle wieder rauszuschleppen. Ich wusste, dass es schiefgehen würde. Oder ahnte es doch zumindest. *Wer A sagt, muss nicht in jedem Falle B sagen,* heißt es bei Brecht.

Aber viele Frauen und Männer finden sich irgendwann bei Y wieder, mit drei Kindern und einer Hypothek auf dem Haus. Manchmal bleibt die Katastrophe aus, und zwei unglückliche Menschen feiern in tiefer Verachtung füreinander goldene Hochzeit. Der Bürgermeister kommt, und der Lokalreporter macht ein Foto.

Schon erstaunlich, wie viele Menschen es sich in einer Eishölle gemütlich gemacht haben. Und immer bitterer werden, weil es nicht so läuft, wie's laufen sollte. Wo doch alles so nett sein könnte, wenn der andere einfach ein bisschen anders wäre. Wie viele Frauen und Männer ein Leben damit zubringen, dem anderen vorzuwerfen, dass er ihnen ihr Leben versaut hat.

Ich bin frei! Hab' die Ketten gesprengt. Gibt es für einen Mann eine großartigere Rolle als die des einsamen Wolfs? Der sich weiblichen Domestizierungsversuchen entzieht

und am Sonntag durch die Wohnung tigert, Bier trinkt
– und dabei in einem fort kluge, weltbewegende Erkenntnisse von sich gibt ... oder gedankenschwer durch
einsame Wälder schreitet ... Das Blöde am Alleinsein ist
bloß, dass keine Kamera dabei ist!

»If you want a lover
I'll do anything that you ask me to
And if you want another kind of love
I'll wear a mask for you ...«
Leonhard Cohen, *I'm Your Man*

Männer haben auch Gefühle – aber doch nicht immer!

Was hält die Liebe am Leben? Toleranz? Leidenschaft? Freundschaft? Humor? Nein, der Schuppen ist es! Frauen sollten einen großen Bogen um Männer machen, die keinen haben. Oder die nie allein waren. Und das sind sehr viele. Sie fliehen von Frau zu Frau und von einer Bindung in die nächste, ohne sich je wirklich nahe zu sein. Du verlierst dich leicht selbst, wenn sich alles im Leben immer nur um Frauen dreht. Männer brauchen Einsamkeit, und sie müssen spielen, damit ihre Seele blüht.

Die Bedeutung einer Frau für das Leben eines Mannes wird weit überschätzt. Das schreibe ich an einem warmen Juliabend in mein Tagebuch, ein Dreivierteljahr nach der Trennung. Ich bin für ein langes Wochenende von London nach Hamburg geflogen. Sitze in meinem Segelboot, das vor einer Insel in der Elbe sanft an seiner Ankerkette zerrt und sich mit leisem Ächzen in der Dünung wiegt. Ablaufendes Wasser. Bald wird der Rumpf sanft im Schlick aufsetzen, die Möwen werden in den warmen

Wasserpfützen baden und die Schreitvögel Würmer aus dem Schlick picken. Ein herrlicher, scheinbar endloser Sommertag mit einem dicken Schmöker neigt sich seinem Ende zu. Ich habe mir einen Kanten Brot und eine dicke Scheibe Schinken abgesäbelt, ein Glas kalten Riesling eingegossen und schaue in den Nachmittagsglast über der Elbe.

So wohlig entspannt und zufrieden habe ich mich an den Wochenenden mit meiner Freundin nie gefühlt. So leicht. Eine unglaubliche Last von meiner Seele genommen. Kein Magenfeeling. Wovor hatte ich eigentlich solche Angst? Ich bin immer noch Single und selbst fast ein wenig überrascht, dass mich das nicht unruhig macht. Es wäre natürlich auch schön, mit einer Frau hier zu sitzen. Die Gläser klirrend aneinanderstoßen, ein Lächeln, eine zarte Berührung, ein sanfter Kuss … Gelegentlich kommt sie auf, diese tiefe Sehnsucht nach Nähe, Geborgenheit, Zärtlichkeit, Verbundenheit … und darüber muss ich eingeschlafen sein.

Als ich aufwache, geht die Sonne gerade glutrot über den Bäumen der Insel unter, und ein Motorrad heult auf. Immer wieder. So ein Angeber vor einer Ampel. Irgendwie kann das aber nicht sein – und dann sehe ich auch schon das Boot – keine 100 Meter von meinem Schiff entfernt. So ein Angeberteil aus Plastik mit zwei riesigen Außenbordern. Vollgas vorwärts – Leerlauf – Vollgas rückwärts – Leerlauf – Vollgas vorwärts … immer wieder.

Aber das Boot bewegt sich keinen Millimeter. Ich hole das Fernglas, um mir das Schauspiel näher anzusehen. Ein Mann und eine Frau, wild gestikulierend, offenbar schreien sie sich gegenseitig an, ab und zu dringt gedämpft ein zorniger Laut herüber. Unschwer zu erraten, was passiert ist: Sie sind rausgefahren für ein Schäferstündchen, haben bei ablaufendem Wasser zu dicht am Ufer geankert, und als sie wieder wegwollten, war das Wasser auch weg.

Kannst die Motoren ruhig wieder ausmachen, mein Freund, in den nächsten sechs Stunden kommst du hier nicht fort. Keine vergnüglichen sechs Stunden bis zur Flut für meinen Geschlechtsgenossen, vermute ich! Womöglich warten zu Hause Partner, und alles fliegt auf.

Und jetzt macht sie ihm die Hölle heiß, weil er so blöd war, sich festzufahren. Und sie hocken sich da in ihrem Boot gegenüber: genervt, wütend, feindseliges Schweigen, Vorwürfe. Sechs endlose Stunden lang. Wie sich Menschen doch das Leben schwermachen! Wenn ich an all den Stress in meinem Leben denke – die Lügen, die Konferenzen, die Segelwochenenden, die es nicht gab. Ich möchte echt nicht tauschen mit dem Typ da drüben.

Ich habe eine Weile gebraucht, um mit mir klarzukommen. Weil es in meinem Leben immer eine Frau gegeben hat – eine Partnerin, eine Affäre oder eine, um die ich leidenschaftlich warb. Auch letztes Jahr nach der Trennung bin ich ich natürlich sofort wieder mit der einen oder anderen Kollegin ausgegangen – mal sehen, was läuft. Habe ein bisschen in Internet-Singlebörsen gechattet und in London sogar die eine oder andere Single-Party besucht. Zuweilen war das sehr amüsant. Eine meiner britischen Flirtpartnerinnen beschwerte sich bitter über die Verlogenheit englischer Männer: *Sie sprächen von Liebe und wollten bloß Sex.* Unglaublich, diese Engländer, wirklich!

Ich bin natürlich rein aus Interesse dorthin gegangen, nicht weil ich mir ernsthaft irgendetwas davon erhofft hätte. So wie alle, die da waren. Dieser traurige Haufen einsamer, zu oft enttäuschter Menschen. Die glauben, dass ein anderer Mensch ihr Leben wieder glücklich machen könnte. Ich wollte da nicht dazugehören. Es erschien mir plötzlich furchtbar armselig, dass mir im Leben offenbar nichts anderes einfiel als Frauen. An meinem 47. Geburtstag war das. Eine wehleidige, versoffene Nacht, in der mir schlagartig bewusst wurde, dass ich nicht mehr jung bin. Schon lange nicht mehr. Aber das hatte ich irgendwie nicht mitbekommen. Womöglich, weil ich beruflich erfolgreich war, schon in jungen Jahren Verantwortung übernommen hatte. Aber meine Persönlichkeit war dabei nicht mitgewachsen. Ich war ein großes Kind, das sein ganzes Leben als persönlichen Abenteuerspielplatz betrachtete. Endlose Party und Minnesang. Ein unfrohes Kind von beinah 50 Jahren auf dem Weg, einer dieser unwürdigen Hagestolze zu werden.

Eine tragische Figur in ewiger Balz – einsam, verbittert, lächerlich.

Aber auch von den ewigen Grübeleien hatte ich die Nase voll. Du kommst keinen Schritt weiter, wenn du dich immer nur um dich selbst drehst. Was falsch läuft, und was du besser machen kannst, und was du willst und wer du bist. Und so verließ ich die Seelen-Ausgrabungsstätte und beschloss, mich fortan nur noch Problemen zu widmen, die ich auch lösen kann: mir selbst.

Statt zu grübeln oder vor der Glotze abzuhängen, trieb ich Sport, schrieb Briefe an vernachlässigte Freunde, erledigte Behördenkram, räumte die Wohnung auf und zwang mich dazu, alleine ins Kino zu gehen. Nur für mich selbst zu kochen. Wurde ein begeisterter Hobbykoch, lud oft Freunde und Bekannte an meine Tafel ein. Ich entdeckte eine Menge schöner Dinge. Sah das Leben mit etwas anderen Augen, weil ich plötzlich spürte, wie viel Freude und Glück es doch bietet – wenn du nicht immer nur auf das starrst, was du gerade nicht hast. Wie viel Überfluss an Dingen, die Freude machen.

Und auch eine einsame Nacht voller Schwermut und Verzweiflung alleine durchzustehen, bringt dich letztlich weiter, als bei der falschen Frau Trost zu suchen. Dann lieber Männerfilme gucken – einen nach dem anderen.

»Du willst es ganz allein mit uns aufnehmen?«
»Wieso allein, wir sind drei:
Mr. Smith – Mr. Wesson – und ich!«
Clint Eastwood in *Dirty Harry*

Dirty Harry würde ich nie zusammen mit einer Frau schauen. Es macht einfach keinen Spaß. Denn ich würde mich ständig fragen, ob sie vielleicht aus meinem Filmgeschmack Rückschlüsse auf meine Geisteshaltung zieht. Weil dieser Cop in Los Angeles natürlich ein übler Macho und Reaktionär mit einem fragwürdigen Verständnis von Rechtsstaatlichkeit und einer ziemlich dicken Wumme ist. Weil sich die Handlung des Films nicht unbedingt durch Tiefgang auszeichnet. Und weil sie vermutlich keine Miene verziehen würde bei den Gags, über die ich mich schlapp lachen könnte. Weil sie die Sprüche von Dirty Harry alias Clint Eastwood überhaupt nicht cool fände, sondern nur blöd. (*Aha! Ich weiß was du denkst ... Hat er jetzt sechs Mal oder nur fünf Mal geschossen? ... Das hier ist 'ne .44er Magnum ... und die bläst dir glatt den Kopf weg. Also fragst du dich jetzt selbst: »Ist das heute wohl mein Glückstag?«*) Aber nun muss ich ja nichts mehr erklären, nichts mehr rechtfertigen, mich vor niemandem schämen. Kann jetzt als Mann mal mental die Sau rauslassen: Dosenbier trinken, rülpsen, herzhaft über blöde Machosprüche lachen, Action-Romane offen rumliegen lassen und sogar Dirty Harrys .44er Magnum einfach nur 'ne geile Knarre finden. Frauen können das schwer nachvollziehen – diese männliche Faszination für Waffen.

Ich behaupte, dass die fast alle Männer teilen, auch wenn sie's nicht zugeben. Selbst wenn sie bei Greenpeace arbeiten oder katholische Priester sind. Typen, die keiner Fliege was zuleide tun könnten, kriegen leuchtende Augen, wenn sie 'ne Wumme in der Hand halten. Das Gewicht des kühlen Stahls in der Hand spüren, das Klicken, wenn der Hahn beim Spannen einrastet – diese Mischung aus Mechanik und Macht. Mit Gewaltfantasien hat das gar nix zu tun, ich kann in echt nicht mal Blut sehen. Aber Jungs, die mit Plastikpistolen spielen, träumen auch nicht von Massenmord. Jeder Held braucht eine Waffe, wenn er gegen das Böse kämpft. Mit dem Gewehr über den Knien und einem zerbeulten Blechteller voll Bohnen am Lagerfeuer sitzen, während in der Ferne die Kojoten heulen (oder sind es doch Indianer?) – das ist männliche Vorstellung von Romantik.

Männer lieben Geschichten, in denen lang und breit über technische Details und besondere Merkmale von Waffen gefachsimpelt wird. Gerade habe ich Wolfgang Holbeins *Hagen von Tronje* gelesen. Die Nibelungensage hat mich schon als Kind fasziniert. Nicht wegen der Dreiecksgeschichte zwischen Siegfried, Brünhild und Kriemhild – all diese erotischen Verwicklungen habe ich damals ohnehin nicht verstanden. Sondern wegen Siegfrieds berühmtem Wunderschwert »Balmung«. Schwer beeindruckt hat mich auch jetzt wieder die Stelle, an der Hagen die sagenhaften Eigenschaften der Nibelungenklinge entdeckt. Als er in einer Kapelle nach dem Drachentöter sucht, aber nur dessen Schwertgehänge auf einer Kirchenbank liegt: »*Zögernd und mit einem Anflug von schlechtem Gewissen zog Hagen das Schwert aus der Scheide. Die Klinge schien in seinen Händen ganz sanft zu vibrieren. Als hätte die Berührung seiner Hand den Geist des Schwertes erweckt. Hagen machte einen spielerischen Ausfall gegen das Kruzifix an der Wand. Die Klinge schnitt pfeifend durch die Luft. Er spürte ihr Gewicht nicht. Es gab kein Nachziehen, kein Ausbrechen, keinen fühlbaren Ruck, als er die Bewegung im letzten Augenblick auffing. Nichts.*«

Ich hatte als Kind auch so ein Wunderschwert. Im Werkunterricht aus Holz ausgesägt und geschmirgelt und geschliffen und mit Silberbronze »gestählt«. Ich hätte eine Menge dafür gegeben, mal ein echtes Schwert in der Hand zu halten. Und dann lese ich mehr als dreißig Jahre später in einer Wochenendbeilage den Artikel über einen Schmied in Norwich, der echte Schwerter fertigt. Gut ausbalanciert und federleicht wie Siegfrieds Balmung, mit solide vernietetem Knauf und scharf geschliffen. Inzwischen werden sie allerdings nicht mehr mit dem Prädikat »*battleready*«, sondern als »funktional« beworben. Weil das seriöser klingt. Mehr nach ernsthaftem Sammler als nach Kindskopf. Eine ganze Branche ist da entstanden, ein riesiger weltweiter Markt. Kein Wunder, wenn es mehr Männer gibt wie mich.

Wozu brauchst'n das? Der Frage muss ich mich ja nun nicht mehr stellen. Wobei Frauen und Männer »brauchen« unterschiedlich interpretieren. Ich frage Frauen ja auch nicht, wozu sie das 21ste Paar Schuhe brauchen. *Aber das kannst du doch nicht vergleichen!* Nein, natürlich, das Schwert kann ich nicht anziehen, es ist schweineteuer und zu nichts nütze. Ich will es einfach haben! Vielleicht mal eine Milchtüte oder eine Ananas damit köpfen und an feuerspeiende Drachen denken. Oder den Jungen mit dem Holzschwert, der leuchtende Augen bekommt, wenn er das Teil anfassen darf. Ein richtiges Schwert – wow! Klar frage ich mich selbst auch, ob es nicht ungeheuer kindisch ist. Ob diese Männerzeit mich eher wunderlich werden als reifen lässt. Ob Frauen wirklich einen Typen haben wollen, der Dirty Harry guckt, Heldensagen liest und mit Schwertern spielt. Ich bin immer noch nicht frei davon, mich das zu fragen. Was Frauen wollen. Dabei ist die Frage doch, ob ich eine Frau will, die mich nicht spielen lässt?!

Wieso schäme ich mich tief drinnen für mein Kinderherz? Vielleicht bin ich ja genau deshalb nie reif geworden, weil ich diesem Kind in meinem Herzen keinen Raum gegeben habe. All die Menschen, die im echten

Leben so krampfhaft und verbissen die Träume und Sehnsüchte ihrer Jugend festhalten – das sind keine Kinder im Herzen. Das Kind darin haben sie längst erfrieren lassen. Dieses Stück Unbekümmertheit, Neugierde und Zuversicht, das dir hilft, bei allen Niederlagen und Enttäuschungen nicht bitter zu werden. Vermutlich ist es gesünder, Spiel und Realität zu trennen.

Ich fahre zu dem Schwertschmied in einem gottverlassenen Kaff in Norwich. Auf einem kleinen Hof mit Schweinen und Hühnern mitten im Nichts. Ein Bär von Mann mit Rauschebart am Amboss – die rote Glut der Esse. Einen Säbel soll er mir schmieden, eine Wunderklinge für die Abenteuer auf den sieben Weltmeeren. Wir verstehen uns auf Anhieb. Dieser junge Handwerker, der sich einer Leidenschaft verschrieben hat, und der alte Pirat mit einem Kind im Herzen, das sich einen Traum erfüllt.

Es ist ein wunderbares Projekt. Zweckfrei und erfüllend. Ich bin an den Wochenenden öfter in der Schmiede. Fasziniert davon, wie die Klinge aus einem Stück Bandstahl durch Menschenkraft und Feuer mehr und mehr an Form gewinnt. Gehämmert, gefräst, gehärtet wird. Verzaubert schaue ich dem Schmied bei der Arbeit zu, während wir ziellos dahinquatschen. Über Schwerter natürlich und Schlachten, aber auch über seine Scheidung, über Liebe, Enttäuschungen, Frauen.

Der Säbel wird ein Traum aus Stahl und poliertem Ebenholz; du spürst sein Gewicht nicht, singend pfeift er durch die Luft – schwerelos, lebendig. Manchmal nehme ich ihn mit, wenn ich mit meinem Schiff auf Kaperfahrt gehe und vor meiner einsamen Insel in der Elbe ankere. Wenn der Anker dann durch die Klüse rauscht, belade ich das Beiboot mit Vorräten und schlage mich mit dem Säbel durchs Unterholz. Ein Pirat auf Schatzsuche auf einem fremden Eiland. Mit einem Brennglas Reisig entzünden und ein Lagerfeuer machen, Fleisch grillen und im Schlafsack *Die Schatzinsel* auf dem iPod hören. Oder bei Kerzenlicht in den Abenteuern des Robinson Crusoe versinken, mit dem Säbel an meiner Seite – für alle Fälle …

Den ganzen Vormittag lang ein Stück Treibholz nach dem anderen aus dem Wasser ziehen, Dämme bauen oder Hütten mit Laubdächern. Den fantasievollen Jungen in sich wiederentdecken und rauslassen, der völlig selbstgenügsam und selbstvergessen in seinem Spiel aufgeht und sich in wilde Abenteuer träumt. Mit einem Glas Wein am Ruder meines Bootes sitzen, während die Wellen leise an die Bordwand plätschern und meine Fregatte sanft schaukelt.

»Im echten Manne ist ein Kind versteckt: das will spielen.«
Friedrich Nietzsche, *Von alten und jungen Weiblein*, aus:
Also sprach Zarathustra

Es ist bedauerlich, dass die meisten Männer ausgerechnet dann mit dem Spielen aufhören, wenn sie sich die richtig tollen Spielsachen leisten könnten. Das haben sie sich wohl auch bei Lego gedacht und eine eigene Serie für das Kind im Manne entwickelt. Ein lückenloses Programm von *Duplo* für Säuglinge bis *Lego for men* – bunte Plastikbausteinchen von der Wiege bis zur Bahre. Jedenfalls sind das ziemlich grandiose Sachen. Der Unimog etwa im Maßstab 1:12,5: Damit kannst du – wie mit einem »großen« – Gruben ausheben, Äste aus dem Weg räumen, Sand transportieren. Und für den Winter gibt's sogar einen Schneepflug. Dazu Bagger und Planierraupen, Raumschiffe mit ausfahrbaren Laserkanonen. Männerträume für viele Hundert Euro, das ist nix für Kinder. Wobei der Reiz von Lego für mich nie die fertigen Bausätze waren, sondern dass du nicht wusstest, was am Ende dabei herauskommen würde. Welche Herausforderung war das damals: aus viereckigen Legosteinen die Bugspitze eines Schiffes zu bauen!

Vor allem Frauen halten spielende Männer oft für große Kindsköpfe und das Ganze für Flucht. Statt sinnvolle Dinge zu tun, wie den Müll rauszubringen, den Schlafzimmerschrank aufzubauen oder die Sachen von der Reinigung abzuholen, spielt der Mann mit sinnlosen und teuren Sachen. Ab einem bestimmten Lebensalter gilt zweckfreies Spielen als Zeitverschwendung. Als unproduktiv. Bücher lesen, in Konzerte gehen – das sind sinnvolle Hobbys. Oder Sport treiben. Im Verein organisiert, mit klaren Regeln, sich mit anderen messen. Kämpfen. Aber als erwachsener Mann im Keller mit der Märklin-Eisenbahn spielen? Sich eine eigene kleine Welt schaffen mit Weichen und Signalen, kleinen Modellhäuschen, fingergroßen Reisenden auf Plastikbahnsteigen, Schaumstoffgras und Zellophanteichen mit Schlauchbooten drauf. Was bringt das?

»Schade, dass uns das zweckfreie Spielen ausgetrieben wird«, sagt der Bostoner Psychologieprofessor Peter Gray. Schon Kinder hätten es immer schwerer, frei und ohne Aufsicht von Erwachsenen zu spielen. Wir kümmern uns zu viel. Unsere Kinder haben keinen eigenen Raum mehr, um Blödsinn zu machen. Oder was wir dafür halten. Deshalb lernen sie nicht mehr richtig, ihr Leben selbst zu kontrollieren. Und das wiederum führt zu Angstzuständen und Depressionen, die gerade unter jungen Menschen in beängstigendem Maße zunehmen. Nach einer US-Studie haben sämtliche Massenmörder eines gemeinsam: Sie haben nie gespielt. Das sagt natürlich gar nichts, weil es sicher noch sehr viel gravierendere Gemeinsamkeiten gibt. Aber klingt doch interessant, oder?

Nach Ansicht des holländischen Kulturhistorikers Johan Huizinga hat sich unsere ganze Gesellschaft – Politik, Kultur, Kunst, Wissenschaft – aus dem Spieltrieb heraus entwickelt. Erst im Lauf der Geschichte entstanden daraus feste Strukturen. Der Mensch wurde erwachsen – will aber immer noch spielen. Auf jeden Fall ist Spielen gut für die geistige Gesundheit. Es erdet dich, der Realität ab und an für ein paar Stündchen zu entschwinden. Selbstvergessen im Spiel zu versinken, ist das beste Mittel gegen Liebeskummer und Einsamkeit. Ob du dir ein Schwert schmieden lässt, Oldtimer restaurierst, Schiffsmodelle baust oder ferngesteuerte Minihubschrauber um Blumentöpfe steuerst, ist völlig egal. Es geht darum, eine Geschichte zu erleben, die allein dir gehört.

Die Bedeutung von Frauen für das Wohlbefinden eines Mannes wird überschätzt. Das sind so Sätze, wie man sie gerne in sein Tagebuch schreibt. Tyler Durdon hätte das auch sagen können in *Fight Club*. Vielleicht ist der Satz ja gar nicht von mir, und ich hab' ihn irgendwo geklaut. Ich will auch gar nicht so cool tun. Klar würde ich mich gern wieder verlieben. So das volle Programm mit Herzklopfen und Schmetterlingen im Bauch. Einerseits. Andererseits will ich nie wieder mit einem Menschen Magenfeeling erleben. Will kein Opfer und keine Konkurrentin; keine Ballkönigin und keine Nebenherfrau Und ich will mein eigenes Leben behalten – Gott bewahre mich auf immer und ewig vor Verschmelzung und Seelenvereinigung! Ich möchte einen Menschen, der mein Leben bereichert – und es mir nicht zur Hölle macht. Jemand, den ich einfach gern immer um mich habe.

Das klingt so banal – aber mit wie vielen Frauen habe ich mich denn tatsächlich rundherum entspannt gefühlt? So wie mit einem Kumpel an einem Novembersonntag träge vor der Glotze hängen und uns in angeheiterter Zufriedenheit über nichts irgendeinen Kopf machen. Mit Frauen flatterten da oft die Magenwände.

So einfach ist das wirklich nicht, einen Menschen zu finden, dessen Gesellschaft du genießt, der dir nie Unbehagen bereitet. Den du nie belügst. Ich weiß eigentlich sehr genau, was ich will. Ich will keine Kompromisse mehr machen. Ja, ja, man muss in jeder Beziehung Kompromisse machen, ich kenn' den Satz. Nein! Zugeständnisse selbstverständlich – aber keine Kompromisse. Gemeinsam neue Wege gehen, gerne – aber kein Treffen auf halber Strecke.

Filme, Medien, Bücher – das ganze Leben dreht sich um die Liebe. Glück heißt, dass sie sich kriegen. Da kannst du leicht zu falschen Schlüssen kommen. Mit der Liebe ist es wie mit New York. Es ist ein Mythos. Und deshalb wollen alle unbedingt mal dahin und über den Broadway spazieren, auf dem Empire State Building stehen und sich bei *Tiffany's* die Nase am Schaufenster plattdrücken. Und wenn sie länger da sind, merken sie wie laut, dreckig, eng, düster, ruppig und anstrengend die Stadt ist. So ganz anders und lange nicht so toll wie im Kino. Es sei denn, du schaffst es, dich wirklich einzulassen – darauf, was hinter dem Mythos liegt. Das echte Leben!

Die Bedeutung von Liebe für das Wohlbefinden des Menschen wird überschätzt. Liebe ist toll – aber ein Lottogewinn ist das auch. Natürlich möchte ich nicht als einsamer Wolf enden, aber wenn ich mir manche Beziehungen in meinem Umfeld so anschaue, würde ich es vorziehen, Single zu bleiben.

Das Leben mit einer Frau, die mir nicht wirklich nahe ist, stelle ich mir sehr viel unangenehmer vor, als alleine mit einem kalten Weißwein auf meinem Boot in der Sonne zu sitzen. Dass ein anderer Mensch mich glücklich macht, ist eine absurde Vorstellung, der ich allzu lange nachgehangen habe. So wie ich ebenfalls aus eigener leidvoller Erfahrung weiß, dass unglückliche Menschen dazu neigen, ihre Beziehung überzustrapazieren und der/dem Geliebten zu viel zuzumuten. Ein Partner kann zuhören, für mich da sein, Trost spenden – das ist in Krisensituationen sicher ungeheuer hilfreich. Aber er kann mich nicht auffangen. Letztlich bleibt das Problem mein Problem, und ich muss es selbst lösen. Man kann sehr gut ohne Liebe leben. Liebe ist keine Voraussetzung für Glücklichsein – es ist eher umgekehrt. Liebe aus Angst vor dem Alleinsein ist ungefähr so, wie Alkoholsucht mit Gin zu bekämpfen. Wenn du immer besoffen bist, hast du keine Vorstellung von einem klaren Kopf. Wahrscheinlich macht sie dir Angst.

Serielle Monogamie – der Lebensstil meiner Generation. Wir fliehen von einer Frau zur nächsten. Erfahren nie, was es heißt, frei zu sein und sich auf sich selbst zu besinnen. Ich meine wirklich innerlich frei. Dass ich ins Fitnessstudio gehe, weil ich mich damit körperlich gut fühle. Und dabei nicht ständig daran denke, Frauen zu gefallen. Oder nehmen wir meinen Romanhelden, Captain Hornblower, der Napoleons Flotte das Fürchten lehrte. 1951 wunderbar verfilmt mit Gregory Peck als *Des Königs Admiral*. Er rettet eine englische Lady aus spanischer Gefangenschaft, und nun sitzen sie auf seiner Fregatte »Lydia«, die einem größenwahnsinnigen lateinamerikanischen Diktator hinterherjagt. Eine laue Nacht in der Südsee. Sie steht an der Reling – er tritt hinzu. »Sechs Knoten«, ruft ihm der Matrose an der Lotleine zu.

»Sechs Knoten«, wiederholt er, zu seiner schönen Passagierin gewandt: »Wir machen eine schnelle Reise, Lady Barbara!«

»Ist das alles, was Sie wollen, Captain – eine schnelle Reise?«

»Jeder Seemann will das, Lady Barbara!«

»Vergessen Sie nie, dass Sie der Kapitän eines Schiffes sind?«

»Der Kommandant eines Kriegsschiffes darf das nie vergessen!«

»In einer Nacht wie dieser könnte ich alles vergessen.

Wer ich bin, wohin ich fahre, woher ich komme. Ich weiß nur, dass die »Lydia« in die Unendlichkeit segelt. Ich will keine schnelle Reise, Captain Hornblower – ich will, dass diese Reise niemals endet!«

Wow!

Des Königs Admiral kannst du – im Gegensatz zu *Dirty Harry* oder *Stirb langsam* – übrigens sehr gut mit Frauen gemeinsam angucken. Wegen der Romantik und des schönen jungen Gregory Peck – da stecken die Mädels auch die Seeschlacht weg. Aber damit ist er als Männerfilm ein bisschen deklassiert. Weil du natürlich merkst, dass sich die Typen alle anders benehmen, sobald Frauen an Bord sind. Vorher waren sie halt ein Haufen Männer bei einem wilden Abenteuer – und plötzlich sind sie alle am Balzen und drehen durch.

»Ich möchte Sie und Ihre Zofe bitten, unter Deck zu bleiben!«, fordert Captain Hornblower Lady Barbara auf.

»Ist der Anblick von Frauen wirklich so störend?«, fragt sie schnippisch zurück.

»Ich darf Sie daran erinnern, dass meine Männer seit neun Monaten auf hoher See sind!«, entgegnet er barsch.

Das versteht sie. Und trollt sich Richtung Niedergang. Blickt sich noch mal um, lächelt Gregory Peck schelmisch an und fragt: »Captain! Und wie lange sind Sie auf hoher See?«

Genau das meine ich. Es ist nicht mehr dasselbe, wenn Frauen dabei sind. So eine Zeit wie jetzt – die hab' ich nie erlebt. Jeder Mann sollte mal einsamer Wolf sein. Männer- oder Jungszeit haben, in der sich nicht alles um Frauen dreht. Er Potenziale in sich entdeckt. Sich darüber klar wird, wer er ist und was er will. Man(n) ist gezwungen, die eigene Bequemlichkeit zu überwinden, wenn man nicht verkommen will. Geschmack und Stil zu entwickeln, wenn das Leben nicht öde sein soll. Du merkst es der Wohnung eines alleinlebenden Mannes sehr deutlich an – ob hier einer mit sich selbst im Reinen ist und sich ein angenehmes Umfeld geschaffen hat oder nur mehr schlecht als recht die Pause bis zur nächsten Frau zu überstehen sucht. Und auch wenn es mir nicht zusteht, Frauen Ratschläge zu erteilen, so würde ich es mir an ihrer Stelle sehr gut überlegen, mich auf einen Typen einzulassen, der sein Leben nicht über längere Zeit mal alleine gut im Griff hatte. Außerdem kann ich jeder Frau nur wärmstens ans Herz legen, sofort die Beine in die Hand zu nehmen, wenn sie an so einen verlassenen, bedürftigen Kerl gerät. Die üben ja offensichtlich auf einige Frauen eine besondere Anziehungskraft aus, weil sie so weich und so hilflos wirken … Am Ende wird er sie bloß emotional ausnutzen und ihre Gefühle missbrauchen.

Ich habe mich nach all meinen Dramen ja oft gefragt, ob ich womöglich beziehungsgestört bin. Ein bindungsunfähiger Feigling – einer, der die Idee der Liebe liebt, mit Frauen aus Fleisch und Blut jedoch nicht zurechtkommt. Aber vermutlich habe ich die Richtige einfach noch nicht gefunden. Weil ich zu viel Zeit mit den Falschen verbracht habe.

> *»Die Stille stellt keine Fragen, aber sie kann uns auf alles*
> *eine Antwort geben.«*
> Ernst Ferstl

Nie mehr einsam zu sein ist nichts, was ich mir von einer guten Beziehung wünsche. Kein Wunsch, den ich an die Liebe habe. Ich weiß jetzt, wie wichtig das in meinem Leben ist: einsam sein zu dürfen. Und ich meine damit nicht Verzweiflung und Verlorensein – sondern tiefen, stillen Frieden mit mir selbst. Ich vermute, dass Frauen Einsamkeit anders definieren, und das sie genau deshalb einen so schlechten Ruf hat. Auch Frauen sind sicher gern mal alleine. Aber eben nicht einsam. Und sicher ist der *lonesome Cowboy* ein Klischee, und irgendwie ja eine tragische Figur – aber die tiefe Sehnsucht danach steckt in jedem Männerherzen. Bewahr sie dir, denn sie macht dich stark. Deine einsamen Helden sind schließlich keine Verpisser und Weicheier. Sondern Typen, die Verantwortung übernommen und sich einer Aufgabe gestellt haben. Die ganz allein auf sich selbst gestellt Entscheidungen über Leben und Tod getroffen haben. Gut und schön – aber was heißt das im echten Leben? Ganz einfach: Jeder Mann braucht einen Schuppen!

Ich geh mal zum Schiff hieß ein WDR-Film über Männer mit Booten. Das sagen die am Wochenende oft zu ihren Frauen. Häufig verbunden mit dem Zusatz: » … mal die Leinen kontrollieren, nach den Ventilen sehen etc. etc.« Das klingt wichtig, männlich, nach einer Aufgabe. Aber in Wahrheit wollen sie bloß mal 'ne Weile für sich sein. Und dann sitzen sie im Sommer ein Stündchen an Deck und streicheln versonnen die lackierte Pinne, und im Herbst lauschen sie in der Kajüte dem prasselnden Regen. Wenn sie eine Weile so dagesessen und sich ziellos in Träumen und Gedanken verloren haben, stehen sie auf, schließen ihr Boot ab und machen sich gut gelaunt auf den Heimweg. Ein Pirat muss auch mal losziehen zu einem Männerabenteuer – um dann glücklich und zerhauen nach Hause zurückzukehren.

Unter der offenen Luke mit Blick auf den Sternenhimmel eingeschlafen. Am Morgen mit der ersten Tasse Milchkaffee an Deck. Sonnig, aber sehr windig. Lichtreflexe auf dem Wasser. Den Morgen einatmen. Im Augenblick verweilen. Sich keine Sorgen machen, einfach nur sein.

Das Paar mit dem Angeber-Motorboot ist verschwunden. Vermutlich heute früh um drei mit der ersten Flut losgekommen. Wahrscheinlich fragt er sich jetzt, ob das die Sache wert war. Vermutlich hätte er gern mit mir getauscht. Hinterher. Es gibt halt zwei Perspektiven in einem Männerleben: vor und nach dem Sex. Vorher stellst du alles Mögliche an, um eine Frau zu verführen. Verlässt mit ihr voller Lust, Gier und mit stolzgeschwellter Brust die Party. Und dann liegst du die halbe Nacht grübelnd neben ihr und bereust, dass du nicht mit deinen Kumpels auf der Party geblieben bist. Weil du da alles in allem sicher mehr Spaß gehabt hättest. Und jetzt nicht mit Grummeln im Bauch zu deiner Frau zurückschleichen müsstest.

»Unser Beziehungsideal gründet auf einer Lüge«, schreibt die Schweizer Schriftstellerin Michèle Binswanger in ihrem viel beachteten Manifest *Monogamie: Die große Lüge* in »Die Zeit«. Auf der Lüge nämlich, dass wir uns immer treu sein werden. »Als Liebende halten wir uns für die vornehmen Protagonisten einer Verfilmung von *Romeo und Julia.* Was die menschliche Sexualität angeht, wird aber *Planet der Affen* gespielt.« Fremdgehen sei völlig normal, ewige Treue unmöglich: »Wir können uns die Lust versagen, wir können so tun, als gäbe es sie nicht. Aber es ist eine Täuschung.«

Wir sollten uns verabschieden von der gesellschaftlichen Lüge des Treue-Ideals, fordert die Autorin. Nicht Untreue zerstöre Beziehungen, sondern Treue. Weil die sexuelle Frustration letztlich größer sei als der Schaden, den ein Seitensprung anrichte. Nach dieser Logik waren nicht meine Affären das Problem, sondern die Lügen und das schlechte Gewissen. Nach dieser Logik hätte es meine Partnerschaft weniger belastet, wenn ich das ganze Spektrum meiner Lust hätte offen ausleben können. Und am Sonntagnachmittag hätte ich friedlich mit meiner Freundin am Kaffeetisch gesessen, und wir hätten uns angeregt über unsere Sex-Abenteuer ausgetauscht.

Nein! Selbst in meinen wildesten Zeiten wollte ich mir die Liebe nicht so vorstellen. Tief im Herzen habe ich mich doch auch nach Einzigartigkeit gesehnt. Das Treue-Ideal ist eben kein gesellschaftliches, wie Frau Binswanger argumentiert, sondern ein sehr persönliches. Die Sehnsucht in uns allen nach der oder dem Einen, dem wir uns rückhaltlos hingeben. »Zwischen Treue und einer heilen Beziehung gibt es aber keinen Zusammenhang!« hält Frau Binswanger dagegen.

Ja, ich weiß: *Ist doch bloß Sex!* Das hab' ich auch gesagt, wenn ich fremdgegangen bin: »War doch bloß Sex!« Der oft weniger Spuren in meiner Seele hinterlassen hat als ein gutes Essen. Keine große Sache, mit jemandem ins Bett zu steigen, dazu bedurfte es nicht unbedingt tiefer Gefühle. Banalisierung zerstört Lust – nicht Treue.

Es ist fast nie »bloß Sex«. Es ist etwas Großes, miteinander zu schlafen. Sozusagen die körperliche Idee der Vereinigung von Mann und Frau. Buchstäblich die Hosen voreinander runterzulassen, des anderen Haut, Schweiß und Atem zu spüren. Und es tut sauweh, wenn ein geliebter Mensch einen Dritten so nah an sich heranlässt. Sich nackt macht vor einem anderen. Ich hab' selbst viel zerstört durch mein wahlloses Paarungsverhalten. Frauen tief verletzt und mich um wahre Liebe betrogen. Und ich glaubte, es würde mir das Herz zerreißen, wenn ich selbst der Betrogene war. »Ich habe die Untreue meines Mannes nicht ausgehalten«, sagte mir mal eine Freundin, »weil ich mir das immer bildlich vorgestellt habe, wie er in einer anderen Frau ist!« Also mal ganz ernsthaft: Das tust du doch niemandem an, der dir wirklich am Herzen liegt – für ein bisschen Spaß!

»Das Sexuelle gibt es eigentlich gar nicht. Das Sexuelle ist bloß eine Körperfunktion. Was wir eigentlich meinen und suchen ist Empathie. Das Fühlen eines anderen Wesens. Die meisten schaffen das nur noch über das Sexuelle.«
Péter Nádas

Der Mensch ist keine Graugans und taugt nicht zur Monogamie. Michèle Binswanger ist wahrhaftig nicht die

Erste, die zu diesem Schluss kommt. Gerade wir Männer argumentieren doch gerne mit der Natur. Dem genetischen Urprogramm, das uns treibt, unsere Gene möglichst breit zu streuen.

Aber will man sich als Mensch tatsächlich mit einem Rothirsch vergleichen? Jeden Mann reizen schöne Frauen, aber wie der Philosoph Wilhelm Schmidt sagte: »Liebe auf den ersten Blick erlebe ich jeden Tag, aber ich habe mich für einen Menschen entschieden. Und deshalb folge ich nicht jedem Blick.«

»Wer zwei Mal mit derselben pennt, gehört schon zum Establishment«, postulierten die 68er. Aber ihnen ging es eben nicht um ein Treue-Ideal, sondern um Protest gegen gesellschaftlichen Treue-Zwang. Wenn meine Mutter von ihren jungen Jahren erzählt, lassen mich Prüderie und Doppelmoral dieser Zeit noch heute frösteln. Frisch verheiratet, aber bei der Eheschließung bereits im vierten Monat schwanger, durfte sie ihre Eltern nicht besuchen – wegen der Nachbarn und der Schande. Lou van Burg, Moderator der Sendung »Der Goldene Schuss«, wurde noch 1967 vom ZDF wegen einer außerehelichen Affäre entlassen.

Aber woraus willst du denn heute noch ausbrechen? Eine erkaltete Beziehung kannst du beenden. Du kannst in Fernseh-Talkshows über deine Sex-Sucht reden, und dein Chef wird beim Zuschauen nur müde lächeln. Trotzdem würde ich mir so etwas gut überlegen. Kein Vermieter hat dir dreinzureden, ob und mit vielen Frauen oder Männern du schläfst. Wir haben die freie Wahl, ob wir durch die Betten turnen oder uns an einen Menschen binden wollen. Aber beides zusammen geht halt nicht. Freiheit ist auch die Freiheit, sich für Treue zu entscheiden.

Liebe heißt, dass ich nicht rücksichtslos mein Ding durchziehe, sondern den anderen nie aus den Augen verliere. Das hat nichts mit Moral zu tun, sondern mit tiefem Gefühl füreinander. Weil ein Liebender den anderen nicht mutwillig verletzt. Und das ist keine Selbstkasteiung, sondern ein Geschenk. Einen Menschen zu haben, dem ich nahe bin und rückhaltlos vertraue. Das Treue-Ideal ist eben – im Gegensatz zu Michèle Binswangers Behauptung – keine Lüge, sondern ein Ideal – wie der Name schon sagt. Dass Menschen mitunter daran scheitern, ist kein Grund, es gleich ganz über Bord zu kippen.

Liebe ohne Treue ist eine Lüge. Liebe ohne Freundschaft ist eine Lüge. Und Freunde betrügen einander nun mal nicht.

Liebe ist die Bereitschaft, sich nerven zu lassen ...

Du erkennst die Richtige, wenn sie dir begegnet. Ich habe keine Ahnung woran – aber du merkst es. Vielleicht daran, dass du bereit bist für sie. Zuversichtlich, mutig, mit einem Lächeln im Herzen. Dass Liebe mehr Kraft gibt, als sie kostet, ist relativ neu für mich. Das lag nicht unbedingt an den Frauen, sondern daran, dass ich mir das Leben selbst so schwer gemacht habe. Du erkennst dich selbst, wenn du die Richtige triffst – vielleicht ist es das.

»Ich brauche hübsche Sondermarken für einen Liebesbrief!«, rufe ich der Frau hinter dem Schalter zu. Alle sollen es wissen! Das ganze Postamt, die ganze Welt soll an meinem Glück teilhaben! Ich war immer noch Radiokorrespondent in London, als der Kosmos mal wieder den Atem anhielt, und ich schickte Liebesbriefe mit Übergewicht über den Ärmelkanal. Während die Schalterdame die Mappen mit den Sondermarken durchforstete, wuchs die Schlange hinter mir im Postamt von Chiswick. Aber gut – all diese nichtswürdigen Beschäftigungen des Alltags können schließlich einen Augenblick warten und zurückstehen vor der Größe dieses so einzigartigartigen Gefühls … Zumal ich quasi nebenbei ja auch noch eine heroische nationale Aufgabe erfüllte, indem ich den Briten zeigte, dass wir Deutsche eben nicht alle rohe Nazis sind oder bestenfalls seelenlose und effiziente Technokraten, die vielleicht gute Autos und anständige Küchengeräte bauen.

Briefmarken mit roten Herzchen drauf hatte die Royal Mail trotzdem nicht im Angebot, aber eine mit Liegestuhl am Strand und britischer Flagge auf Sandburg tut's auch. Liebe unterm Union Jack – meinetwegen. Liebende sind großmütig.

Der Kosmos hält den Atem an – Brigitte Bardot hat das in ihren Memoiren über eine Nacht mit Gunther Sachs geschrieben. Sie liebten sich auf dem Vordeck einer Motorjacht, die führerlos mit Vollgas eine Felsenküste entlangraste. Jeden Augenblick konnte das Boot ein Riff rammen. Leidenschaft und Verderben so nah beieinander. Aber wieso muss Liebe eigentlich immer ein Selbstmordkommando sein?

»Muss schon ganz blau sein, der arme Kosmos«, spottete mein Freund Karl über meine Schwärmerei. Gut, meinetwegen, also begraben wir das Bild endlich mal. Soll er ruhig weiteratmen, der Kosmos. Und es stimmt ja auch: Ich erlebe das nicht zum ersten Mal. Meine anderen großen Lieben fingen genauso an – und wie schmerzlich haben sie geendet. Ja, schon – aber diesmal ist es gaaaanz was anderes! Wirklich? Die Frauen waren andere – das

Gefühl gleichermaßen überwältigend. So beginnt jede Liebe – aber womöglich ist es gar nicht so entscheidend, wie sie anfängt. Sondern wie sie weitergeht. »Verliebtheit ist narzisstische Befriedigung«, sagt der Neurobiologe Gerald Hüther. Ein hormoneller Vollrausch. Adrenalin, Dopamin, Endorphine und natürlich Testosteron. Nie sagen wir »ich liebe Dich« öfter und leidenschaftlicher – und nie ist es weniger wahr. »Liebe hat mit Verliebtheit nicht das Geringste tun«, glaubt der Wissenschaftler Hüther. »Liebe ist ein Gefühl von Sicherheit, Geborgenheit und Schutz, ein Gefühl der Bindung, ein natürlicher Kitt, das, was unser Menschsein ausmacht.«

Vielleicht hätte ich auch mit einer meiner anderen großen Lieben glücklich werden können. Und wäre ich meiner Frau ein paar Jahre früher begegnet – als ich noch auf der Jagd war nach immer neuen Kicks –, hätte ich es mit Sicherheit ebenfalls versemmelt. Ich glaube nicht mehr an das einzige passende Puzzleteil im Universum. Du triffst immer wieder Menschen, die deine Seele berühren, dein Herz zum Lächeln bringen. Aber das alleine reicht nicht. Manchmal passt es nicht – die Umstände, die Zeit, fehlender Mut. Oder ihr habt unterschiedliche Vorstellungen vom Leben. Du brauchst Mut, um einem Menschen zu vertrauen, den du gar nicht wirklich kennst. Vorbehaltloses Vertrauen, dass er dir nicht reingrätscht, wenn du dich öffnest. Selbst-Vertrauen.

> *»Die große Frage, die nie beantwortet worden ist und die ich trotz 30 Jahre langem Forschen in der weiblichen Seele nicht habe beantworten können, ist die: Was will das Weib?«*
> Sigmund Freud

So rätselhaft finde ich die Frauen eigentlich gar nicht. Vermutlich stricken sie selbst aber auch gerne an diesem Mythos mit. Quasi die weibliche Version unseres einsamen Cowboys. Ehrlich gesagt: Ich habe Frauen selten als wirklich unberechenbar und undurchschaubar erlebt. Meistens hatten sie recht klare Vorstellungen, was sie von einem Mann und einer Beziehung erwarteten, und wie sie sich das Leben vorstellten. Rumgeeiert habe ich. Und mich in die Enge gedrängt, ausgeliefert gefühlt. Meine Güte, ich tue doch alles, wieso ist sie nie zufrieden? Was will sie denn noch? Vielleicht projizieren wir – um bei Freud zu bleiben – bloß unsere eigene Unentschlossenheit auf die Frauen.

Wobei die Frauen es oft so genau ja gar nicht wissen wollen. Das behauptet die selbst ernannte deutsche Flirtkönigin Nina Deißler in ihrem Liebesratgeber *Klartext für Frauen*: »Wenn Sie einem Mann eine klare, einfache Frage stellen, werden Sie in der Regel eine klare, einfache Antwort bekommen. Die meisten Frauen fürchten sich jedoch vor dieser Antwort so sehr, dass sie Fragen stellen, deren Antworten Raum für Interpretationen und Hoffnung lassen. Der Mann ist es nicht, der sie belügt – sie selbst sind es. Wenn Sie einen Mann fragen: ›Wie stellst du dir die Zukunft mit mir vor?‹ und er sagt: ›Ich weiß es nicht.‹ – dann weiß er es nicht.«

Sie machen sich also beide was vor. Er hat nie etwas versprochen, also muss ihr klar sein, woran sie ist. Er hat nie widersprochen, also muss er doch dasselbe wollen wie sie. Sie hätte auch mal fragen können, sicher – aber womöglich wären sie dann alle beide um eine Illusion ärmer gewesen.

Was also will der Mann? Für Nina Deißler ist das ganz einfach: Sex – Essen – Ruhe – Herausforderung und Anerkennung – Spaß – Freiheit. In dieser Reihenfolge. »Männer wollen nur das eine – wir haben es«, behauptet Deißler angriffslustig. Eine wunderbare Ausgangsposition: Gib deinem Mann Sex, Essen, lass ihn ansonsten in Ruhe – und er ist glücklich. Aber bist du es auch? Genau damit geht das Elend doch los, dass sich alle immer fragen, was der andere will. *Wie man Männer anzieht, auszieht und glücklich macht ...* so lautet der Untertitel von Frau Deißlers erfolgreichem Liebesratgeber. Eigentlich musst du voll einen an der Klatsche haben, um gezielte Manipulation allen Ernstes als Grundlage für ehrliche Beziehungen zu empfehlen. Es zeigt aber womöglich auch, wie Frauen uns sehen. Als schlicht und manipulierbar. In einer englischen Frauenzeitung hab' ich mal ein Essay gelesen über eine Frau, die ein Buch über Hundeerziehung in die Hände bekam und herausfand, dass es auch bei Männern funktioniert: Immer loben, wenn er was richtig gemacht hat. Nie schimpfen, wenn er wiederkommt, nachdem er weggelaufen ist. Ist das lustig? Wir sollten vielleicht einfach mal aufhören, Männchen zu machen ...

Männer manipulieren natürlich ebenso. Wenn du einer Frau das Gefühl gibst, Ziel ihrer Suche zu sein, wird sie sich mit hoher Wahrscheinlichkeit in dich verlieben. Ich hatte es zu einer gewissen Meisterschaft darin gebracht, Bedürfnisse und Sehnsüchte von Frauen zu erspüren. Und zu bedienen. »Du bist die ideale Projektionsfläche für jede Frau«, warf mir mein Kumpel vor. Ich bekomme heute noch Magenflattern, wenn ich an die Achterbahn denke, auf der ich unterwegs war. Diese unglaubliche Selbstverbiegung.

Jedenfalls war ich sehr flexibel in meinen Ansichten und Vorstellungen. Das Problem ist, dass du den Unsinn, den du da erzählst, selbst glaubst. Natürlich macht es keinen Sinn, wenn ein Eigenbrötler den Partylöwen spielt, um eine Society-Lady rumzukriegen – das leuchtet jedem ein. Aber wenn es dich richtig erwischt hat, die Welt sich verändert und du dich mit ihr, kannst du dir nichts Grandioseres vorstellen, als mit dieser tollen Frau jeden Abend bei einem anderen Fest anzurauschen. Bis du's irgendwann nur noch anstrengend findest.

Prof. Hugo Schmale, einer der Mitbegründer der Internet-Singlebörse *Parship*, bezeichnete das Phänomen im »Spiegel« als »soziale Erwünschtheit«: »Wenn sich jemand bei einer Firma vorstellt, dann überlegt der sich: ›Was muss ich sagen, damit ich genommen werde?‹, und nicht: ›Wer bin ich?‹« Das sei gefährlich, im Beruf genauso wie privat: Man trifft jemanden und verstellt sich, um zu gefallen. Der andere verstellt sich auch. Man wird ein Paar. Und am Ende erschrecken beide, weil sie feststellen, dass sie eigentlich gar nicht zusammenpassen.

Aber was bedeutet eigentlich *zusammenpassen?* Dass der Eigenbrötler sein Partygirl lieber hätte ziehen lassen sollen? Oder dass er einfach ein bisschen ehrlicher zu sich selbst und ein bisschen weniger ängstlich hätte sein sollen? Liebe beginnt mit einer realistischen Selbsteinschätzung und einem entspannten Verhältnis zu sich selbst. Wenn sich zwei Menschen wirklich nah sind, ist es womöglich ziemlich wurscht, ob er mit zu jeder Party geht.

»Es wird nach einem happy end im Film
jewöhnlich abjeblendt.«
Kurt Tucholsky, *Danach*

»… I take thee Holger Senzel to be my lawful wedded husband.« Alte englische Heiratsformeln vor einem rotgesichtigen, fröhlichen, sehr britischen Standesbeamten in Richmond upon Thames. Familie, Freunde, Kinder, Sekt unter Kletterrosen, Konfettiregen, Ansprachen, ein sonniger Frühlingstag an der Themse. Ein bisschen wie in *Vier Hochzeiten und ein Todesfall.* »I give you this ring as a token of my love …« Fünf Monate nach dem Kennenlernen haben wir geheiratet. »Ihr seid verrückt, das so zu überstürzen!«, sagten meine Freunde. Natürlich habe ich an all meine anderen großen Lieben gedacht, die gescheiterten, die mit ebenso vielen Hoffnungen, Träumen und Versprechen begonnen hatten. Aber dass etwas so oft im Leben schiefgegangen ist – das ist doch kein Grund, es nicht noch einmal zu versuchen. Und besser zu machen. Weil ich zumindest wusste, was nicht funktioniert. Dass ein anderer Mensch dich glücklich macht – das klappt nie.

Und nun begleite ich meine Frau nach New York. Sie wird dort Korrespondentin, und ich habe mir unbezahlten Urlaub genommen. Meine Frau macht dann den Job, den ich fünf Jahre lang in London hatte. Den ich geliebt habe – jeden einzelnen Tag davon. Ganz und gar davon gefangengenommen, den Hörern das Land nahezubringen, das ich entdecken durfte. Auch für meine Frau wird es demnächst über weite Strecken nichts Wichtigeres geben, wenn sie Nächte bei der UNO und im Studio verbringt. Wenn sie jeden Tag Aufregendes entdeckt, sich bewähren muss, übersprudelt vor neuen Eindrücken. *Und – wie war dein Tag?* Och – ich war im Fitnessstudio und dem neuen Café und hab' uns was Nettes zum Abendessen gemacht. Ich bin dann Hausmann. Ein Luxusmännchen.

Komm' ich damit klar? Schleicht sich da entgegen aller Vorfreude auf das gemeinsame Abenteuer ein kleines Unbehagen ein? So eine winzige Spur Zweifel? Ich habe sehr genau in mich hineingehorcht. Es war mir wichtig, dass ich die Entscheidung für mich treffe. Nicht mit Bauchschmerzen mitgehe, oder weil ich glaube, es unserer Beziehung schuldig zu sein. Sondern nur, wenn ich es gerne tue. Wenn ich mir vorstellen kann, eine gute Zeit zu haben in New York. Opfer sind Bumerangs. Aber der Handel mit Verzicht ist verbreiteter, als man denkt.

»Du musst wissen, was dir wichtiger ist – deine Familie oder deine Karriere.« Kein so seltener Satz. »Du stellst einen Geliebten nicht vor die Wahl«, hat meine beste Freundin mal gesagt. Ihr Mann war Wissenschaftler und hatte ein Angebot aus Chicago. Die Erfüllung seines Karrieretraums. Sie hatten gerade in Hamburg eine Wohnung gekauft; Kita direkt um die Ecke; meine Freundin bekam nach der Kinderpause einen guten Job in einer Werbeagentur. »Ich habe das Gefühl, wir sind endlich angekommen«, hatte sie mir kurz zuvor noch erzählt. Einer jener Momente, wo das Leben rund läuft. Aber dass sie ihn nicht vor die Wahl stellt, weil sie auch diese Leidenschaft an ihm bewundert, mit der er Dinge tut. Dass es ein großartiges Angebot sei und sie ehrlicherweise verstehe, dass es ihn reize. Dass es wichtig sei für ihn. Womöglich hatte sie gehofft, dass ihm das reichen würde. Die Möglichkeit zu haben. Dass ihm der Preis dann doch zu hoch wäre und er ablehnen würde. Aber sie war auch nicht überrascht und nicht verletzt, als er angenommen hat. Sie hat das schon ernst gemeint, dass sie das schaffen würden. Für sie war klar, dass sie in Hamburg bleiben wollte. Sie würden pendeln und eine Ganztags-Kita suchen. In den Ferien müsste er Urlaub nehmen und ihr den Rücken freihalten. Ich fand es ziemlich stark, mit welcher Zuversicht sie plante und organisierte und was sie alles fröhlich auf sich nahm. Damit *er* seinen Traum leben konnte. Ich mochte ihn nicht, aber das sagt nichts: Er war der Mann meiner besten Freundin, und ich fand alle ihre Männer doof ...

Als ich sie ein Jahr später wiedertraf, hatte sie die Scheidung eingereicht. Sie war blass und hatte tiefe Ringe unter den Augen. Wirkte erschöpft und niedergeschlagen und gestand, sie habe offensichtlich den Preis unterschätzt für ihr Leben auf zwei Kontinenten. Vor allem ihren Teil mit Kind in Hamburg. Sie habe lange gezögert, bevor sie ihm sagte, dass sie nicht mehr könne. Dass sie sich übernommen habe. Und dass sie ihn brauche. Er hat sich strikt geweigert, zurückzukommen. Es sei unmöglich, er stecke gerade in einem total wichtigen Projekt. Und das hätte sie sich ja vielleicht auch mal vorher überlegen können, als er noch seinen Job in Deutschland hatte … Ich vermute, es war genau dieser Satz, der bei ihr das Fass zum Überlaufen brachte. Sie hat das Ganze nicht kommentiert und überhaupt nie ein böses Wort über ihn verloren. Meiner Ansicht hat er ihre Liebe verraten. Dieses großartige Geschenk, seinem Traum eine Chance zu geben. Der Liebe Flügel zu verleihen, statt sie in einen Käfig zu stecken. Aber meine Freundin hat natürlich recht: Man stellt einen Partner nicht vor die Wahl. Am Ende weißt du so oder so, woran du bist.

»Was du liebst, lass frei.
Kommt es zurück, gehört es dir – für immer.«
Konfuzius

Du hast nichts von halbherzigen Kompromissen. Du kannst Aufmerksamkeit nicht erzwingen, das ist infantil und egoistisch. Und zur Liebe gehört sicher auch, zu akzeptieren, dass andere Dinge zeitweise die Aufmerksamkeit deines Partners in Anspruch nehmen. Du kannst gar nichts erzwingen in der Liebe. Du kannst nur eigene Grenzen setzen. Und gehen, wenn sie überschritten werden. Oder wenn du nicht bekommst, was du brauchst und dir wünschst. Aber du kannst dir keine Gefälligkeiten erkaufen, indem du für den anderen etwas tust, das nicht von Herzen kommt. Natürlich sollst du ruhig auch mal über deinen Schatten springen. Weil es dich lächeln lässt, wenn du dem geliebten Menschen eine Freude bereitest. Und nicht, weil du eine Gegenleistung erwartest. Das klingt so banal und selbstverständlich, dass ich es kaum niederzuschreiben wage – aber wie viele Paare führen doch emotionale Strichlisten! Wie oft habe ich selbst in Punktefonds eingezahlt und von Gefälligkeitskonten abgehoben. Genau geregelt, wer wann womit »dran« ist, damit keiner übervorteilt wird. Aber in der Liebe geht es doch nicht um Prinzipien, sondern darum, dass man einander hilfreich ist.

Verträge – und das gilt im Übrigen auch für Eheverträge – schließen Geschäftspartner, damit sie nicht übers Ohr gehauen werden. Aber ist Liebe nicht das Vertrauen darauf, dass es der andere gut mir meint? Meine Ehe kann scheitern. Meine Liebe wird überdauern. Das Vertrauen, dass meine Frau mir keine reinbrezelt. Mich nicht übers Ohr haut. Auch wenn sie mich nicht mehr liebt. Einfach, weil sie ein feiner, freundlicher Mensch ist. Jeder Scheidungsanwalt wird mir jetzt energisch widersprechen. Aber wenn ich immer nur mit menschlichen Abgründen und Gemeinheiten zu tun hätte, würde ich das auch »naiv« nennen. Denn genau diesen Schuss unbedarften Urvertrauens braucht die Liebe. Mutige, unerschrockene Herzen. Zuversicht. Wenn ich an etwas glaube, setze ich mich dafür ein. Ich habe mich nie gefragt, wie das denn gehen soll – mit einer Frau, die auf dem Weg ist nach New York, während ich ein weiteres Jahr in London sitze. Und ob ich wirklich Lust auf eine transatlantische Fernbeziehung habe, und ob unsere junge Liebe das wohl überstehen wird. Ich wusste, sie ist die Richtige, und ich war bereit dazu. Deshalb würden wir eine Lösung finden.

Ich mochte New York nicht. Vielleicht hätte ich es gemocht, wenn ich es als Korrespondent hätte entdecken dürfen. Es ist keine gute Stadt für *dolce far niente* – für süßes Nichtstun. Weil du immer das Gefühl hast, allen anderen im Weg zu stehen. Die so unglaublich *busy* und wichtig sind und sich alle Mühe geben, genauso ruppig zu sein wie ihre Stadt. Es ist laut, dreckig und voll, aber dafür bist du in Manhattan: »It's New York, Baby!«. Ich habe ständig Heimweh nach London, denke wehmütig an die höfliche Gelassenheit, den Witz und die Selbstironie der Engländer. Aber es geht ja gar nicht um einen Städtevergleich. London war der bisherige Höhepunkt meines Berufslebens. Das ist New York jetzt für meine Frau.

Ich sollte nicht wie ein wehmütiger alter Mann vergangenen glorreichen Zeiten hinterherjammern. Weil ich's womöglich doch nicht so gut verknusen kann, dass meine Frau jetzt im Rampenlicht steht und das Geld verdient. Dass kein Redakteur aus Deutschland mehr bei mir anruft, außer um zu fragen, ob ich meiner Frau was ausrichten könne. Und wie es denn so sei als Hausmann in New York. Ich sage dann, dass ich »Privatier« vorzöge und es der beste Job sei, den ich in meinem Leben je gehabt hätte. Doch wenn ich mich von meiner Frau nicht ganz und gar respektiert und geliebt fühlte, würde es an mir nagen. Noch mehr nagen. Wenn wir zusammen ausgehen, in ein Restaurant, und ihr Handy klingelt. Und meine Frau eine gefühlte Ewigkeit verschwindet, um mit irgendeiner Redakteurin irgendetwas zu besprechen. Und ich sitze vor meinem kalt werdenden Essen und denke genervt: »Muss das sein?!« Natürlich muss es sein! Vielleicht bin ich auch bloß neidisch. So was gibt natürlich keiner zu. Neid auf deine Liebste – das ist ja wohl das Allerletzte. Aber wenn du ihr genau das dann sagen kannst: *Sorry – ich glaube, ich war einfach neidisch auf dich.* Wenn du keine Angst hast, sie könnte sich abwenden, wenn sie dich erst wirklich kennenlernt – das ist Liebe. Wenn ihr euch gegenseitig die peinlichsten Momente eures Lebens anvertraut und gemeinsam darüber lacht.

»Besser der Liebe wegen nach New York als nach Idaho«, hat damals ein Typ in der Bar Six zu mir gesagt. Ganz großes Kino war das: An einem Sommerabend an der Sixth Avenue vor einer Straßenbar zu sitzen, mit dem an- und abschwellenden Sirenengeheul der Ambulanzen als Begleitmusik, Gin Tonic zu trinken und mit einem wildfremden Menschen ins Plaudern zu kommen. Über die Liebe und das Leben, Sehnsüchte, Tod, US-Außenpolitik, Vergänglichkeit. Das volle Programm. Träges, zufriedenes Schwadronieren bei eiskalten Cocktails. Mein Gegenüber – ein Weiser, davon bin ich beim dritten Drink überzeugt. Ein etwas verlebter, sympathischer Loser mit einem grauen Zopf. Aber ohne jeden Zweifel ein Weiser. Ich kenne Idaho nicht, aber bin überzeugt davon, dass er recht hat …

Was hatte ich nicht alles vor in meiner freien Zeit in New York. Kommentare und Reportagen für deutsche Zeitungen schreiben. Ein Buch vielleicht. Und habe dann doch bloß von meinem Schreibtisch im 16ten Stock aus der Zeit beim Vergehen zugeschaut – auf der großen Uhr des Con-Edison-Gebäudes. Ich hab' eine Weile gebraucht, bis der Druck raus war, das schlechte Gewissen. Weil man ja meint, immer irgendwas Sinnvolles tun zu müssen. Spanisch lernen und nach Montauk fahren, wegen Max Frisch. Etwas Nützliches mitnehmen. Die geschenkte Zeit nicht vergeuden. Ich habe sie größtenteils vergammelt.

Ich begleite meine Frau durch New York, als Obama gewählt wird. Auf dem Union Square haben sich Tausende unter einem fußballfeldgroßen Sternenbanner versammelt – es war wieder eine stolze Flagge. Man kann sich das heute gar nicht mehr vorstellen, wie viel Hoffnung die Menschen damals hatten. Diese begeisterte Aufbruchstimmung, als das vieltausendstimmige »Yes we can« durch die Hochhausschluchten Manhattans brandete … Das infernalische Hupkonzert der gelben Taxiflotte, amerikanische Fähnchen aus Tausenden von Autofenstern geschwenkt – alle vereint in einem einzigen, gutgelaunten, lärmenden Stau. Horden ausgelassener, lachender, einander umarmender Menschen, die sich furchtlos ihren Weg durch acht Spuren Blech bahnten. Autos und Fußgänger hoffnungslos ineinander verkeilt. Sogar die Polizisten, die das Chaos mit ihren Trillerpfeifen entwirren sollten, lächelten.

Als Reporter bist du in solchen Momenten viel zu sehr mit deinem Job beschäftigt, um dich mitreißen zu lassen. Viel zu angespannt. Und meine Frau hat schon wieder das Mikrofon in der Hand und schildert dem nächsten deutschen Sender die Stimmung. Ein ernstes, sehr konzentriertes Gesicht auf einer ausgelassenen Kinderparty im Lichtermeer der Wolkenkratzer. Es ist ein wundervolles Bild, und ich bin dankbar, dabei zu sein. Es ist meine geschenkte Zeit, ich bin niemandem Rechenschaft schuldig. Es ist ein großes und einmaliges Privileg: nichts zu tun!

»Es stimmt nicht, dass du nichts tust!«, widerspricht meine Kneipenbekanntschaft in der Bar Six über ihren mutmaßlich sechsten Drink hinweg. »You don't do nothing – you got space!« Das hat mich so schwer beeindruckt, dass ich die Geschichte immer wieder gern erzähle und jetzt sogar zum zweiten Mal in einem Buch. Was ich sicher nicht tun würde, wenn mir Rüdiger am Küchentisch gesagt hätte: »Sieh das doch mal anders – du hast Raum gewonnen.«

Zwei Fremde an einer Theke, viel Alkohol, ein unergründlicher Weiser erklärt das Leben: *Manchmal frisst du den Bären, und manchmal frisst der Bär dich* .... Das ist die Anfangsszene aus *The Big Lebowski*, einem anderen grandiosen Männerfilm. Wenn dir im echten Leben so eine Szene geschenkt wird, dann hast du alles Recht der Welt, deinen Mitmenschen und deiner Frau damit immer wieder auf die Nerven zu gehen. Es ist einfach eine verdammt gute Männergeschichte, und sie ist so universell, dass sie eigentlich immer passt. Und wenn die Erkenntnis daraus bloß die ist, dass du in jeder Kneipe dieser Welt einen Thekenphilosophen treffen kannst. Aber das ist doch überaus tröstlich, oder?

Ich habe mit meiner Frau ziemlich am Anfang unserer Liebe vereinbart, dass wir uns gegenseitig alles sagen, was uns quer kommt. Auch wenn es uns peinlich und lächerlich erscheint. Dass man sich nicht zu schämen braucht, wenn einem Kleinigkeiten wehtun und dass man sich nichts dabei vergibt, den anderen um Aufklärung zu bitten. Verletzungen gleichen sich nicht aus – sie addieren sich. Und ich spreche nicht von boshaft und vorsätzlich zugefügten Verletzungen – sondern von kleinen unbeabsichtigten, unbemerkten Kränkungen.

In meinen vergangenen Beziehungen habe ich sehr schlechte Erfahrungen gemacht mit dem Sammeln von Groll: Du lässt eine scherzhafte Bemerkung über ihren Job los. Einen Witz, völlig harmlos. Aber er erinnert sie an einen abfälligen Satz ihres Vaters. An diesen ganzen demütigenden Kampf um seine Anerkennung. Und nun haut ihr Liebster in dieselbe Kerbe … Und weil ihr das selbst lächerlich vorkommt, schweigt sie. *Sie wird nicht wegen so einer Lappalie ein Fass aufmachen, sie ist ja schließlich nicht hysterisch.* Aber ganz tief in ihrem Inneren, in irgendeinem Winkel, da sitzt sie doch: die Frage, ob ihr Liebster sie als Frau womöglich auch nicht so richtig ernst nimmt. Wie ihr Vater. Und ihr Ex. Und dann sucht sie nach Bestätigung. Und die kriegt sie natürlich. Wer suchet, der findet. Aber meist halt das Falsche. Und du hast keine Ahnung, was Sache ist und wieso sie plötzlich wegen irgendeinem Kleinscheiß explodiert. Fühlst dich angegriffen, ungerecht kritisiert, kachelst zurück. Bügelst sie nieder, womöglich spöttisch – nimmst sie also schon wieder nicht ernst. Bis du einander irgendwann nur noch belauerst und schaust, wie du Punkte machst auf Kosten des anderen. In diese ungute Phase eintrittst, in der du ein Problem siehst und denkst: »Nee, das sehe ich nicht ein, jetzt ist der andere mal dran.« Obwohl du das Problem mit Leichtigkeit lösen könntest. Nicht mehr alles stehen und liegen lässt, wenn sie dich braucht, sondern argwöhnst, dass sie dir nur den Skatabend versauen will. Oder sich anstellt wegen Pipifax-Problemen. Wenn du anfängst, Rechnungen aufzumachen, weil du nicht mehr daran glaubst, dass der andere dich liebt und achtet und es gut meint mit dir. Wenn du keinen Respekt mehr hast, verbissen um Positionen kämpfst. Ums Rechthaben. Was oft mehr oder weniger darauf hinausläuft, dass der andere endlich einsehen soll, wie Scheiße er doch ist.

Seelenverwandte glauben immer, ihnen könnte das nicht passieren. Aber auch wenn ihre Herzen im Dreiviertel-takt schlagen, sprechen sie nicht dieselbe Sprache. Und manchmal schleppen sie schlechte Angewohnheiten mit in die Beziehung.

Ich bin mal nach Dienstschluss mit einer Kollegin ein Bier trinken gegangen. Völlig harmlos, aber meine Frau kann sie nicht leiden, also hab' ich ihr erzählt, dass ich mit 'nem Kumpel weg war. Nicht weil ich fürchtete, sie könnte auf dumme Gedanken kommen, sondern weil ich das immer so gemacht habe: gewohnheitsmäßig gelogen, um die Harmonie nicht zu gefährden. Aber dann hat das an mir genagt, weil wir es nicht nötig haben, einander zu belügen. Weil ich das nicht will. Also habe ich ihr gesagt, dass ich Mist erzählt habe, dass ich in alte Gewohnhei-ten zurückgefallen bin. Ich kann realistischerweise nicht versprechen, dass ich nie mehr im Leben lügen werde. Niemand kann das. Und manchmal tut's einem leid, im selben Moment, wo die Lüge raus ist. Deshalb haben meine Frau und ich vereinbart, dass du jederzeit von einer Lüge zurückkannst. Dass du nichts durchziehen musst – nur weil du einmal damit angefangen hast. Man kann zurück, kann sagen: »Ich hab' dich angelogen.« Darum geht's doch auch in der Liebe: Dass Menschen auch mal schwach und trotzdem noch liebenswert sind. Dass ich dem anderen kein Bein stelle, wenn er stolpert – sondern ihn auffange.

Ich glaube übrigens nicht, dass Frauen und Männer ein grundsätzliches Kommunikationsproblem haben. So dieser Frauen-sind-von-der-Venus-und-Männer-vom- Mars-Quatsch. Die großen Missverständnisse: Dass Männer immer gleich Lösungen anbieten, obwohl sich die Frauen einfach nur auskotzen und bedauert werden wollen. Ich glaube nicht einmal, dass Frauen und Männer grundsätzlich unterschiedlich an Probleme herangehen. Männer haben diese Phase auch, wo sie erst mal alles ungeordnet auf den Tisch packen. Nur durchleben sie diese Phase meist lieber allein im Schuppen. Und wenn sie da wieder rauskommen, würden sie gerne ein paar Lösungsvorschläge hören. Sie beginnen die Kommunikation in einer späteren Phase – das ist alles. Und es kann ja nicht so schwer sein, das aufzulösen. Selbst wenn Männer und Frauen manchmal verschiedene Sprachen sprechen, können sie sich doch verständigen.

Liebe ist eine Auslandsreise: Du kannst dir ein Land erst erschließen, wenn du seine Sprache lernst, seine Andersartigkeit schätzt und seine Eigenarten respektierst. Und dabei feststellst, dass die Menschen auf der ganzen Welt – gleich, ob Männer oder Frauen und bei allen kulturellen und religiösen Unterschieden – dieselben Träume und Sehnsüchte teilen. Natürlich kostet das Mühe und klappt nicht unbedingt auf Anhieb. Denn jede Sprache und jede Kultur besitzt auch ihre Codes. Du kannst mit deinem Schulenglisch natürlich einen prima Abend im Pub haben. Aber es dauert seine Zeit, bis dir klar wird, dass der höfliche Brite, der im rappelvollen Zug freundlich deinen tollen Rucksack bewundert, keinen Einkaufstipp von dir haben will. Sondern dasselbe meint wie der grantige deutsche Opa, der dich anschnauzt, gefälligst dieses blöde Teil aus dem Weg zu räumen …

Die Frau auf der Autobahn, die ihren Mann fragt, ob er eine Kaffeepause einlegen möchte. Auch so ein Männer-und-Frauen-verstehen-sich-nicht-Klassiker. Er sagt Nein – und braust weiter. Weil *er* keine Pause braucht. Und *sie* ist sauer, weil *er* doch hätte merken können, dass *sie* gern einen Kaffee trinken wollte. »Dann sag das doch einfach«, giftet er, aber sie besteht darauf, dass er es von selbst hätte merken müssen usw. usw. Tut mir leid, aber wenn man sich wegen so einem Blödsinn unverstanden fühlt und Groll schiebt, dann liegt das nicht an geschlechtsspezifischen Kommunikationsmustern, sondern am mangelnden guten Willen.

Männer merken vieles nicht von selbst, das ist schon richtig. Manchmal nicht mal dann, wenn man es ihnen sagt. Irgendwann hat es meine Frau aufgegeben, mich um das Anbringen der Jalousien im Schlafzimmer zu bitten. Letztes Wochenende ist ihr Bruder aus Berlin gekommen und hat sie aufgehängt. Das war natürlich oberpeinlich. Immerhin haben wir jetzt Jalousien im Schlafzimmer. (Und sie funktionieren! Wofür ich nicht hätte garantieren können, weil ich handwerklich eher minderbemittelt bin.)

Frauen nervt so was häufig. Sie denken dann, wir hörten nicht zu, oder ihre Wünsche wären uns gleichgültig. Aber das stimmt nicht – unser Radar ist einfach völlig anders eingestellt. Wenn sie in Schwierigkeiten steckt und anruft, lasse ich natürlich sofort alles stehen und liegen und setze mich ins Auto. Aber wenn sich mich bittet, ›bei Gelegenheit mal‹ die Jalousien im Schlafzimmer anzubringen, rückt das auf meiner internen Prioritätenliste erst mal ganz weit nach hinten. Wo es dann logischerweise über kurz oder lang wegen anderer wichtiger Sachen vergessen wird. Und mir erst dann wieder einfällt, wenn ihr Bruder mit dem Werkzeugkoffer vor der Tür steht.

»Hast du eigentlich unsere Kontonummer im Kopf?«, fragte mich meine Frau neulich. »Ja klar«, antwortete ich. »Und die Bankleitzahl auch?« »Nee, muss ich schauen, aber warum willst du das wissen?« Und da fällt es mir siedendheiß ein, dass ich ihr versprochen hatte, ›die Tage mal‹ ein paar Rechnungen zu überweisen. Man merkt, dass sie in England studiert hat. Ich habe mal zwei Stunden lang bei British Airways auf mein Gepäck gewartet. Ich hatte einen fürchterlichen Tag hinter mir und wollte nur noch nach Hause. Voller Wut habe ich einem Uniformierten entgegengeschleudert, British Airways sei das Allerletzte, die grässlichste Airline der Welt. Und er lächelte mich an und sagte: »Sie haben völlig recht, Sir. War wohl 'n harter Tag, was?« Es macht auch die Liebe leichter, ein bisschen mehr *gentle*, freundlicher, zu sein.

»Das Geheimnis jeder glücklichen Ehe ist Toleranz.
Und dass die Königin über ein hohes Maß an Toleranz
verfügen muss, sehen Sie ja an mir.«
Prinz Philip, Herzog von Edinburgh

In der Tat fragt man sich manchmal, was Queen Elizabeth wohl von den verbalen Ausrutschern ihres Gatten halten mag. Wenn er bei einem Staatsbesuch beispielsweise den in seine Landestracht gekleideten nigerianischen Präsidenten fragt: »Sind Sie auf dem Weg ins Bett – oder warum tragen Sie ein Nachthemd?« Vielleicht hecken sie solche Sprüche aber auch abends im Schlafzimmer gemeinsam aus – und schlagen sich heimlich auf die Schenkel vor Lachen. Weil Elizabeth als Königin eben nicht aus der Rolle fallen darf. Aus den Sätzen des Herzogs von Edinburgh spricht auf jeden Fall Selbstbewusstsein. Er weiß, dass er ein schräger Typ ist, aber er findet sich gut. Und er hegt keinerlei Zweifel daran, dass seine Frau das auch tut. Dass sie ihm nicht den Thronsessel vor die Tür stellt, wenn er sich mal danebenbenimmt.

Mit den Macken seines Partners zu leben, heißt im Zweifelsfall auch, seinen Mist mit auszubaden. Wenn meine Frau ihren Pass verbaselt, ist mein Urlaub auch perdu. Aber, liebe Güte, das ist doch schon schlimm genug für sie, da muss ich dann doch nicht auch noch auf ihr rumhacken. Außerdem hätte mir das ehrlich gestanden auch passieren können. Du kriegst mit dem Mist des anderen zu tun. So oder so. Wenn du darauf keinen Bock hast, musst du alleine bleiben. Dann musst du aber deine eigene Suppe auch alleine auslöffeln. Wenn ich immer dieses Angezicke von Paaren mitkriege, wie sie sich auf Flughäfen und Bahnhöfen oder ihrem Boot gegenseitig fertigmachen. Es gibt in England einen Fluss, der wird »Scheidungskanal« genannt – wegen seiner vielen Schleusen, denn da muss ein Paar Hand in Hand arbeiten ... Meine Güte, was habe ich schon für Schreiereien erlebt! Wer denn nun die Schuld trägt an dem vergeigten Manöver oder dem verpassten Zug ... *Wenn du nicht so rumgetrödelt hättest – ach, jetzt bin ich es wieder, dann stell halt den Wecker nicht immer so knapp ... immer tust du ... nie machst du ...* Das ist doch absolut grausig. Als ob es nicht völlig egal wäre, wer Schuld hat. Und beide in jeder Hinsicht weiterbrächte, sich gemeinsam Gedanken darüber zu machen, wie sie jetzt nach Rio kommen oder sich in Wanne-Eickel 'ne nette Zeit machen. Oder wie sie ihr Boot wieder klarkriegen.

Manchmal nervt mich meine Frau! Es kostet mich einige Überwindung, diesen Satz hinzuschreiben. Mir das überhaupt selbst einzugestehen. Aber sogar mein bester Kumpel nervt mich manchmal, und den sehe ich nicht so oft wie meine Frau. Es ist völlig normal, dass ein geliebter Mensch dir auch mal auf den Geist geht. Es kann gar nicht anders sein. Dass du ihn doof findest oder dass er sich lächerlich macht, weil er gerade fürchterlich dummes Zeug redet. Weil er auf der goldenen Hochzeit deiner Eltern sinnlos betrunken ist. Mir ist klar, dass ich die eine oder andere Eigenschaft habe, die meiner Frau entsetzlich auf den Wecker geht.

Liebe ist auch die Bereitschaft, sich nerven zu lassen. Und es ist kein Beinbruch, wenn man mal aus der Rolle fällt und übel aneinandergerät. Sich gegenseitig anzickt.

Aneinander vorbeiredet. Enttäuscht ist. Man darf in der Liebe sogar mal ungerecht sein – das hält sie aus. Dass Streit »gesunde Beziehungshygiene« ist, glaube ich allerdings nicht.

Die Paare, die sich wegen jedem Mist in die Haare kriegen und bei denen es jedes Mal grundsätzlich wird, sind doch die Pest.

Wenn ich mich wirklich ernsthaft darüber ereifern könnte, dass meine Frau die Tomaten schon wieder in den Kühlschrank gelegt hat (wo sie nämlich nicht hingehören!) – dann müsste ich sie ja richtig zum Kotzen finden. Was habe ich schon für Grundirrtümer auf Nebenkriegsschauplätzen ausgetragen!

Manche Paare kommen einem vor wie zwei Menschen in einer Telefonzelle: Wenn der eine den kleinen Finger rührt, zuckt der andere. Man kann jemanden auch einfach mal in Ruhe lassen, wenn er übellaunig aus dem Büro kommt. Statt immer alles auf sich zu beziehen, sich immer gleich angegriffen zu fühlen. »Ich bin unglücklich«, sagt sie. »Wie kannst du mir das antun?«, antwortet er.

»Hast du den Müll rausgebracht?« muss nicht unbedingt ein Vorwurf sein. Sondern womöglich nur eine ganz normale Informationsfrage. Du begegnest dir halt in der Liebe immer selbst. Menschen ändern sich nicht wirklich, auch nicht durch Liebe. Aber wenn es gut läuft, werden sie besser.

Apropos Schuppen: Meine Frau hat mir letzte Weihnachten eine Übernachtung geschenkt – in der Kapitänskajüte der Cap San Diego. Ein altes Frachtschiff im Hamburger Hafen. Falls ich mal einen Rückzugsort brauche. Weil mein Schiff doch im Winterlager liegt.

Das Leben ist ein eiskaltes Bier

Was Männerfreunde mit Liebe zu tun haben? Eine ganze Menge! Sie sind da, wenn die Liebe zerbricht. Sie halten dir den Spiegel vor, sie sind schonungslos, und sie stellen dich nicht infrage. Sie erden dich als Mann, weil du o.k. bist, wie du bist. Auch wenn du manchmal mit dem Schwanz denkst. Leider gibt es immer mehr Männer, die keinen einzigen richtigen Freund haben.

»Was ist denn nun die Botschaft deines Buchs?«, fragt mein bester Kumpel. Wir sitzen an seinem Küchentisch, eine Kerze brennt dort – wie immer, wenn ich hier sitze. Mein Kumpel hat Nudeln gekocht wie seit Jahr und Tag, die Teller sind jetzt abgeräumt, wir trinken Rotwein und quatschen. Sehr vertraut. Auch dass ich mich ein wenig in die Enge getrieben fühle durch die Fragen nach meinem Buch – mein Kumpel spürt jedes Mal zielsicher die Schwachstellen in meinen Plänen auf. Botschaft? Lass mich doch in Ruhe mit deiner blöden Botschaft! Du kannst nichts Neues über die Liebe schreiben – in den letzten 2000 Jahren ist alles darüber gesagt worden. Du kannst nur einen anderen Blick darauf werfen, so wie jeder die Liebe anders und einmalig erlebt. Ich schreibe ja keinen Ratgeber. Sondern erzähle eine Geschichte, von der ich hoffe, dass sich Menschen darin wiederfinden. Über die Suche. Meine Suche. Weil ich glaube, dass ich eine Menge zu erzählen habe.

»Trotzdem brauchst du eine Botschaft!«

»Na ja, grob gesagt, dass Liebe mehr mit dir selbst zu tun hat als mit dem anderen?«

»Liebe dich selbst, und es ist egal, wen du heiratest? Das gibt's schon. War übrigens 'n Bestseller!«

»Weiß ich, eine Freundin hat's mir damals geschenkt. Sicher mit Hintergedanken. Aber darum geht's doch immer, oder?«

»Finde dich erst mal selbst? Na ja …«

»Wenn ich es in einem Satz sagen könnte, müsste ich kein Buch schreiben.«

»Du brauchst 'ne steile These, irgendwas Provokatives!«

»Wozu?«

»Damit du in Talkshows eingeladen wirst.«

Wie oft haben wir an diesem Tisch gesessen. Diskutiert über Politik, philosophiert über die Liebe, unsere Chefs verflucht, berufliche Erfolge und bittere Niederlagen begossen, Neuanfänge und deren Scheitern, Scheidungen. Verzweifelt hat mir mein bester Kumpel an diesem Tisch das »Unternehmen Christkind« auszureden versucht. Den Überraschungsbesuch bei der Familie meiner Ex. Mit dem ich die Ernsthaftigkeit meiner Absichten beweisen wollte. Wie auf einen kranken Gaul hat er auf mich eingeredet, diesen Schwachsinn zu unterlassen. »Du hast es vergeigt, also vergiss es – aber mach es doch nicht immer schlimmer!« In allen Details hat er mir das Fiasko ausgemalt und dabei die ganze Zeit gestöhnt: »Gott, wie peinlich, wie peinlich ...« Heiß und kalt vor Scham ist mir geworden, so plastisch hat er mir das Szenario beschrieben, das mich unter dem Weihnachtsbaum erwarten würde. Auch deshalb ist es wundervoll, Freunde zu haben: Ein guter Freund öffnet dir die Augen, wenn du dich verrannt hast!

Ich bin natürlich trotzdem gefahren. Als ich dann am Boden zerstört wieder hier am Küchentisch saß, hat er mir wortlos das Glas vollgegossen und einen Topf Nudeln gekocht. Niemals hätte er Sätze gesagt wie: *Hab' ich dir doch gleich gesagt!* oder: *Hättest du mal auf mich gehört!* Sondern hat gewartet, bis ich aufgegessen und mich ein wenig beruhigt hatte und mich dann aufgefordert: »Erzähl!«

Ich glaube nicht, dass die Abende mit mir damals ein großes Vergnügen waren. Außer meinem eigenen Kummer habe ich wenig wahrgenommen. War taub für jeden vernünftigen Ratschlag und blind für meine Mitmenschen. Deshalb brauchte ich einen guten Freund nötiger denn je.

Wir sind 20 Jahre älter geworden miteinander. Früher ging es an diesem Küchentisch mehr um Leidenschaften. Heute eher um unsere Kinder, unsere Rolle als Väter, als Männer. Die Angst vor dem Altwerden, das Sterben und die Schwierigkeit, gute Socken zu finden. Irgendwie ist es eine gute Vorstellung, dass wir in 30 Jahren als alte Männer noch an diesem Küchentisch sitzen werden. Und dann vielleicht über Gehhilfen und Prostataoperationen reden und uns darüber kaputtlachen, wie weit es doch mit uns gekommen ist, seit wir uns gegenseitig unsere Liebesdramen anvertraut haben. Dieser Küchentisch ist ein Stück Heimat für mich. Die Konstante in meinem ganzen Liebes- und Leidenschaos. Genau wie das Sofa, auf dem ich nachher einschlafen werde. Es ist schön und beruhigend zu wissen, dass – was immer auch passiert: ob du gekündigt oder verlassen wirst oder sich die ganze Welt gegen dich verschworen hat – bei deinem besten Freund immer einen Teller Suppe, ein Glas Wein, ein offenes Ohr und einen Platz zum Schlafen findest. Denn egal, wie beschissen es gerade läuft und was morgen sein wird – es geht mir sofort wieder besser, wenn ich hier am Küchentisch sitze.

Es hat lange gedauert, bis ich Männerfreundschaften schätzen lernte. Mit der schwitzigen, dröhnenden Sportplatzkumpanei konnte ich sowieso nie viel anfangen. Und mit Sicherheit hätte ich keinen Mann in meine Seele blicken lassen! Männerfreunde waren Typen, die zusammen saufen, sich prügeln und mit einem coolen Spruch auf den Lippen mal eben die Welt retten.

Lange Waldspaziergänge mit intensiven Gesprächen habe ich lieber mit Frauen unternommen. Gedanken und Gefühle mit einer guten Freundin geteilt. Ich fand Frauen einfach sehr viel angenehmer: sanfter, klüger, reflektierter – ohne dieses ganze Männergeballer. Außerdem rochen sie besser.

Vor allem konnten sie mir sagen, wie Frauen ticken und was sie wollen. Wie oft saß ich meiner besten Freundin gegenüber auf einem der weißen Designersofas in ihrem Wohnzimmer. Gerahmte Kunst, lackiertes Parkett, Obstschale, alles passend und tipptopp – ich war jedes Mal wieder beeindruckt. Wie oft haben wir uns gegenseitig unseren Kummer anvertraut. Haben abgelästert über meine Frauen und ihre Männer. Ich glaubte, ihr Freund verarschte sie – es kam mir so fatal bekannt vor, was sie über ihn erzählte. Sie neigte bei Männern eh zu Fehlgriffen, fand ich. Ich versuchte, sie mir mit dem anderen Typen vorzustellen. Fragte mich, wie dieses schüchterne Dekolleté sich wohl fortsetzte unter ihrem Pullover ...

»... wo bist du denn gerade?«, fragte sie unvermittelt, und ich zuckte schuldbewusst zusammen: »Ich hab' daran gedacht, wie lange wir uns doch schon kennen ...«

Sie lächelte: »Du lügst! Du hast mir in den Ausschnitt geguckt!«

Man muss sich nichts vormachen: Gute Freundinnen sind auch Frauen – und lange Vertrautheit schützt das Hirn nicht vor schlüpfrigen Abwegen. Erotik spielt fast immer eine Rolle zwischen Männern und Frauen. Aber ich glaube nicht, dass dies echte Freundschaft unmöglich macht, wie ja viele behaupten. Es ist halt anders als mit einem Kumpel – eine Drehung mehr. Nicht ganz so gelassen. Aber viele Männer kennen ja gar nichts anderes. »Frauen sind die Menschen, mit denen wir Männer emotionale Nähe zulassen: Mutter, Großmutter, Kindergärtnerin, Lehrerin, Partnerin, Geliebte, Freundin …«, so der Männercoach Bodo Leimbach.

Was immer ein Männercoach sein mag. Im Internet bietet er Seminare an zur Stärkung des Maskulinen. Wie weit ist es gekommen mit uns, wenn wir dafür Seminare brauchen … Weil es so viele Männer gibt, die nicht einen einzigen guten Freund haben. Sondern bloß ihre Frauen. Geht die Beziehung dann in die Brüche, wird's zappenduster.

Das Problem mit guten Freundinnen ist nicht die erotische Grundspannung. Sondern dass du permanent einen Filter reinschiebst, wenn du nur mit Frauen persönlich wirst. Ob deine Gedanken und Bedürfnisse mit ihren Werten kompatibel sind. Ob du wirklich »ficken« sagst, wenn du »ficken« denkst. Dich irgendwie schuldig fühlst oder falsch, sich deine Wahrnehmung verschiebt, wenn du immer nur die Frauensicht gespiegelt bekommst. Wenn dir keiner mal sagt, dass es ihm genauso geht und Typen nun mal so sind.

Wenn du mit einer Frau beispielsweise über Versagensängste beim Sex sprichst, wird sie dich fragen, wieso Männer eigentlich immer so 'n Leistungsding daraus machen. Ein Mann würde verstehen, wie du dich fühlst, wenn du in der ersten Nacht mit deiner neuen Liebe versagt hast vor lauter Aufregung. Und jetzt solche Panik schiebst vor dem nächsten Mal, dass du ihr lieber erst mal aus dem Weg gehst. Statt dir *einfach nicht so 'n Druck zu machen*. Aber mal ehrlich – mit welchem Mann würde man über so was reden?

»Sach ma, ist dir das schon mal passiert, dass du keinen hochgekriegt hast?«

»Ehrlich gesagt nein – dir?

»Nö, natürlich nicht, interessierte mich nur mal so ...«

Wenn du es schaffst, die Wer-hat-den-Längsten-Spiele
hinter dir zu lassen, gibt's nichts Besseres für eine Män-
nerseele als einen guten Kumpel. Wo sich das Leben im
Zweifelsfall auf gepflegtes Abhängen und ein eiskaltes
Bier reduziert. Entspannt halt, ohne einen Gedanken
an Balzerei. Wenn mein bester Kumpel spöttisch meine
kleine Wampe tätschelt, nagt es weniger an mir, als wenn
meine gute Freundin das tut.

Im »National Geographic« wurde neulich eine inter-
essante Untersuchung veröffentlicht: Männer haben in
ihrer DNA mehr mit Affen gemeinsam als mit Frauen.
Mein Kumpel und ich haben herzhaft darüber gelacht.
Weil wir uns durchaus vorstellen können, mit einem
Orang-Utan einen entspannteren Abend zu verbringen
als mit einer Frau. Und wie man eine Bierflasche öffnet,
bringen wir ihm auch noch bei.

Früher habe ich mich Frauen oft mit Schuldgefühlen
genähert; irgendwie erschienen sie mir als die besseren
Menschen. Seit ich Nähe zu Männern zulasse, sehe ich
das differenzierter. Und ich würde auch nicht mehr an
mir zweifeln, weil mich eine Frau nicht versteht. Letztlich taugt das Geschlecht zur Charakterisierung eines
Menschen noch weniger als das Sternzeichen – da gibt's
ja wenigstens zwölf Typen. Männer denken mit dem
Schwanz und Frauen mit der Gebärmutter? Ja, und? Die

Biologie ist stark, aber sie prägt nicht die Persönlichkeit. Es gibt großartige Männer und wunderbare Frauen und unterirdische Arschlöcher und blöde Bratzen.

Natürlich habe ich meinem besten Kumpel jede neue Liebe vorgestellt. Natürlich hinterher gefragt: »Und – wie findest du sie?« Aber natürlich sagt man einem Freund nicht, wenn man seine Flamme bescheuert findet. Weil das sein Problem ist und du seine Gefühle nicht infrage stellst.

»Das ist doch Quatsch!«, widerspricht mein bester Kumpel, »klar sagt man das. Ich hab dir immer gesagt, dass ich deine Ballkönigin voll daneben fand!«

»Hast du nicht! Sonst wär' ich ja wohl früher mal stutzig geworden, wenn mein bester Freund mich gewarnt hätte!«

»Klar, hab' ich. Aber ist auch egal, du fandst sie ja toll …«

Dass mein engster Freund und meine jetzige Frau sich mögen, ist schön und hat mir einen wunderbaren fünfzigsten Geburtstag in New York beschert mit zwei Menschen, die mir sehr nahe sind. Aber was unsere Freundschaft wirklich ausmacht, gehört eher an diesen Küchentisch als auf Ein-Paar-trifft-das-andere-Paar-Abende. Die ich ehrlich gesagt ebenfalls für weit überschätzt halte und eher von der Begleiterseite her kenne: Deine Partnerin steht mit ihrer Freundin in der Küche, du hörst das Getuschel und Gegiggel durch die Tür – während du angestrengt Konversation mit dem Mann der Freundin deiner Frau betreibst. Mein bester Freund und ich – das ist ein bisschen wie die Jungs in der Nimm2-Werbung.

Als Kinder hätten wir vermutlich Blutsbrüderschaft geschlossen. Tatsächlich ist er für mich wie der Bruder, den ich verloren habe – der einzige Mann, der mir lange wirklich nahe war im Leben. »Du bist für mich wie der Bruder, den ich nie hatte«, antwortet mein bester Kumpel, der mit vier Schwestern aufgewachsen ist.

Sentimentalität hat bei Männern oft mit Promille zu tun. Normalerweise müssen Männer ihre Gefühle füreinander nicht definieren. »Freund« sagt eigentlich genug. Zuviel Nähe ist uns eher suspekt, weil es leicht diesen homoerotischen Beiklang bekommt. Bloß nicht ins Gefühlige abrutschen. Es ist ja schon beinahe eine Urangst heterosexueller Männer, dass sie irgendwer für schwul halten könnte. Ich bin immer ganz baff, wenn mir Frauen erzählen, dass sie mit ihrer besten Freundin zusammen im Bett liegen und sich beim Einschlafen aneinanderkuscheln. Männer bevorzugen es untereinander jedenfalls eher handfest und herzhaft: Schulterklopfen, Abklatschen, Flaschenklirren – »Was willst du denn hier, du Arsch?!« – »Ey, du Vollhonk, ich kann deine Hackfresse auch nicht mehr sehen!« So zeigen Männer einander ihre Sympathie.

»Holger, ich bin kein Homo, aber ich liebe dich!« Mein väterlicher Freund Sim hat das mal gesagt, und wenn ich seinen Namen hier nenne, dann weil er seit über 15 Jahren tot ist. Die Einschränkung war überflüssig: Ich wusste, dass Sim nicht schwul ist. Aber einem anderen Mann Liebe zu gestehen, finden Männer natürlich schon per se schwul – das geht nicht ohne eindeutige Klarstellung.

Bei einem Männerabend an Bord meines Schiffs, auf dem ich damals wohnte, sagte er das. Im Kaminofen prasselte ein Feuer, wir standen an der Küchentheke. Sim erzählte von seiner Zeit als Matrose in den Sechzigerjahren. Draußen knackten die Eisschollen am Stahlrumpf meines Wohnschiffs, und Sim schilderte diesen Mördersturm vor Cap Hatteras – an der Ostküste der USA – als er auf dem Frachter »Solutuna« fuhr. Die Maschine war ausgefallen, das Schiff torkelte antriebslos durch haushohe Wellen, ein hilfloser Spielball der Elemente. Der Ausleger des großen Ladekrans hatte sich losgerissen, immer wieder krachte er von einer Seite zur anderen, es war nur eine Frage der Zeit, wann die Scharniere brechen, das Schiff womöglich leckschlagen würde. Allerhöchste Gefahr! Ratlosigkeit – ein Freiwilliger wird gesucht. Und Sim klettert hoch. Um den tobenden Ausleger zu fangen und festzulaschen und das Schiff zu retten. Abwechselnd den Himmel und das tosende Meer vor Augen, als er sich Zentimeter für Zentimeter auf dem Mast voranschiebt, der Stahl unter seinen Händen und Füßen von einer gläsernen Eisschicht überzogen …

Ein Männerabend, wie gesagt. Mit viel Bier und vielen Geschichten. Und natürlich wird es irgendwann auch um Liebe und Frauen gegangen sein. Sim hätte mein Vater sein können, und vielleicht machte es mir das leichter, ihm ohne Angst zu vertrauen. Wir haben uns kennengelernt, als ich mein Schiff von Holland überführte. Einen über 80 Jahre alten Frachtsegler, auf dem ich wohnen wollte. Eine Mobilie sozusagen. Aber auch wenn ich keine großen Reisen plante, musste ich das Teil ja irgendwie von Amsterdam nach Hamburg kriegen. Ich hatte einen Traum, aber keine Ahnung und keine Lizenz. So kam Sim ins Spiel, ein frühpensionierter Seemann, den ich als Skipper engagierte. Er brauchte Geld, hatte eine Lizenz – aber auch nicht wirklich Ahnung. Das zeigte sich im Sturm auf der Nordsee. Wir hatten keinen Wetterbericht gehört, keine verlässlichen Seekarten, nur einen Shell-Atlas. Auch keinen Kompass.

Wir liefen auf Grund. Tonnenschwere Brecher donnerten aufs Deck, es hörte sich an, als würde alles kurz und klein geschlagen. Mein Skipper sagte traurig: »Ich habe in 30 Jahren noch nie ein Schiff verloren – das ist das erste Mal ...« Sowas macht Mut. Das Funkgerät war kaputt, das Beiboot weg; wir hatten die Leine gekappt, bevor sie sich hätte in der Schraube verheddern können. Nach einer gefühlten Ewigkeit kamen wir los, tasteten uns torkelnd durch die pechschwarze Nacht. Morgens um drei schafften wir es in den Hafen. Bremerhaven statt Cuxhaven. Verfahren hatten wir uns also auch noch. Sim war ganz und gar still, er hatte ziemlichen Mist gebaut. Aber am Ende brachte er uns auch wieder heil heraus. Wir bestanden das große Abenteuer gemeinsam. Und wurden Freunde.

Mein Schiff wurde auch sein Schiff. Drei oder vier Mal im Jahr bezog er für ein paar Wochen die Heckkajüte. Reparierte, lackierte, entrostete – so ein altes Schiff ist eine ewige Baustelle. Wenn ich abends aus dem Funkhaus heimkam, zeigte er mir voller Stolz, was er den Tag über geschafft hatte. Oder er präsentierte mir Ideen, was man noch verbessern und ändern könnte. »He's the owner and I'm the captain« – so beschrieb Sim unser Verhältnis. Ich war der Eigner und er mein Kapitän. Ab und zu warfen wir die schnaufende alte Maschine an und fuhren zusammen los. Sim stand am Steuerrad, strahlte und lachte, dass sein gewaltiger Bauch wackelte – und ich schmierte mit dem Ölkännchen den Deutz-Motor von 1918 und tanzte zu seiner stampfenden Melodie. Abends legten wir in Glückstadt an oder ankerten in der Haseldorfer Marsch, saßen an Deck oder in der Messe und tranken Unmengen Bier. Ich habe Abende mit Sim verbracht, an denen sagten wir kein einziges Wort – außer ab und zu »Prost!«. Ich las ein Buch, er schnitzte irgendwas, knüpfte Netze oder blätterte in einer Segelzeitschrift. Bis er irgendwann mit einem »Slaap lekker« (holländisch für »Schlaf gut«) in seiner Koje verschwand. Am nächsten Morgen meinte er dann vergnügt: »Das war ein wundervoller Abend gestern, nicht wahr?« Als mein Bruder starb, habe ich in Sims baumstammdicken Armen bittere Tränen geweint und ihm geglaubt, als er mich an seine fassförmige Brust drückte und sagte: »Alles kommt klar, Holger.« Er war einer der liebenswertesten, sanftmütigsten Menschen, die ich je getroffen habe. Nicht gebildet – aber lebensweise und herzensklug.

Mein Liebesleben war damals eine ständige Achterbahnfahrt zwischen »himmelhochjauchzend« und »zu Tode betrübt«. Sims wilde Zeiten lagen lange zurück, und der distanzierte Blick des Älteren ließ mich manches gelassener sehen. Es tut gut, wenn man über den eigenen Blödsinn lachen kann. Nicht weil die Liebe weniger wichtig würde, sondern weil du dich selbst nicht mehr ganz so ernst nimmst. Und weil du merkst, dass das Leben außer Frauen eben noch so viele andere tolle Sachen zu bieten hat. Auch tiefe und warme Gefühle. »Schöne Frauen gibt es viele«, pflegte Sim zu sagen, wenn ich erwog, der Liebe wegen an Land zu ziehen, »schöne Schiffe nicht!« Und unsere »Helena« war dank Sims unermüdlichem Einsatz zweifellos eines der schönsten. Nur wenn ich ihm eine Party an Bord ankündigte, reagierte er unwirsch: »Hach, da kommen wieder lauter Landleute mit schmutzigen Schuhen an Bord ...« Ich glaube, »Landleute« war in seinen Augen eine ziemlich üble Beleidigung, noch schlimmer als »Binnenschiffer«. Ich konnte stundenlang zuschauen, wie er aus einem Fichtenstamm einen neuen Mast zimmerte. Völlig aus der freien Hand. Wie er das Holz erst viereckig hobelte, dann achteckig, sechzehneckig – und schließlich rund. Zwei Monate hat es gedauert, und in dieser Zeit ließen wir uns Bärte wachsen – wegen irgendeines alten Brauchs, dass sich ein Seemann nicht rasiert, bevor der Mast seines Schiffs steht. Übrigens auch nicht vor dem Anlegen im Hafen – sonst gibt es Nebel. Sim war voll von Seemannsaberglauben. Wenn eine Krähe längs über das Deck flog, bekreuzigte er sich– weil dann jemand stirbt. Und die Mastspitze lackierte er selbstverständlich weiß, denn das bedeutet: *Gott ist Steuermann auf diesem Schiff!* Ganz energisch riet er mir davon ab, mein Schiff umzubenennen. Ich wollte es gern auf den Namen meiner Angebeteten taufen, als ultimativen Liebesbeweis. Aber Sim weigerte sich. »Wieso denn – bringt das Unglück?«, wollte ich wissen. »Nein«, entgegnete er trocken, »aber ich habe keine Lust, jedes Mal einen neuen Namen auf die Bordwand zu malen!«

Freunde belügen einander nicht, aber das heißt nicht, dass sie sich immer alles erzählen. Neulich wurde mir im Gespräch mit einem anderen langjährigen Freund zum ersten Mal klar, dass wir von verschiedenen Geschlechtern reden, wenn wir uns über Liebe, Sex und Beziehungen austauschen.

»Du hast 20 Jahre gebraucht, um mir zu sagen, dass du schwul bist?!« Ich konnte es immer noch nicht fassen.

»Weißt du, ich fand dich mal ganz süß, aber wusste ja, dass es zwecklos ist. Und ich wollte dich nicht als Freund verlieren, deshalb hab' ich es damals nicht gesagt. Und danach gab es einfach keinen Anlass mehr, das zu thematisieren!«

Da kommst du natürlich kurz ins Grübeln. Ob ihr wirklich Freunde seid, wenn er dir so wenig vertraut. Aber wahrscheinlich hätte es mich damals wirklich verschreckt, dass ein Mann auf mich stand. Er hat es mir nicht gesagt, weil ihm etwas an unserer Freundschaft lag. Wenn er mir nicht vertraute, hätte er es mir auch jetzt nicht erzählt – und es erst recht nicht erklärt. Hätte sich keine Blöße gegeben. Manchmal dauert es sehr, sehr lange, bis sich Männer wirklich öffnen. Und dann sagst du nicht beleidigt: »Wieso hast du mir das nicht schon früher erzählt?« Sondern freust dich, dass eure Freundschaft einen neuen Schritt gemacht hat. Freunde bedrängen einander nicht. Jeder entscheidet selbst, was er von sich preisgibt und mit dem anderen teilt.

Freunde stellen sich nicht infrage. Wozu? Sie teilen nicht ihr Leben, sondern begleiten einander. Ich muss mich mit meinem Kumpel nicht über Zukunft, Wohnungseinrichtung und Urlaube einigen. Wir sind einer nicht des anderen Lebensmittelpunkt, sondern Männer mit Familien und Jobs. Es geschieht oft, dass unsere Verabredungen platzen. Wenn ich frisch verliebt war, bin ich mitunter wochenlang abgetaucht, ohne etwas von mir hören zu lassen. Wir zweifeln unsere Freundschaft nicht an, nur weil andere Dinge in unserem Leben Vorrang haben. Natürlich haben sie das, und dafür hat man Freunde – die verstehen das.

Einmal im Jahr breche ich mit meinem besten Kumpel zu einer Jungs-Tour auf. Ein paar Tage auf meinem Boot auf der Elbe. Es ist jedes Mal unglaublich kompliziert, das aufeinander abzustimmen. An unserem ersten oder zweiten gemeinsamen Abend an Bord geraten wir uns fast immer fürchterlich in die Haare. Ich verfluche dann die bescheuerte Idee dieses Männerurlaubs, und er steht bereits mit gepacktem Rucksack an Deck und fordert mich auf, ihn schnellstmöglich im nächsten Hafen abzusetzen – wir sollten vielleicht einfach mal akzeptieren, dass es keinen Sinn mehr mache mit unseren Bootstouren... Wenig später lachen wir herzhaft darüber. Weil auch dieser Streit irgendwie dazugehört, Auftakt zu einer großartigen Zeit miteinander, ein reinigendes Gewitter. So ein Boot ist natürlich auch extrem, verdammt eng, da kannst du dir nicht aus dem Wege gehen; da prallen die merkwürdigsten Eigenschaften von Menschen ungefiltert aufeinander. Wir sind uns jedenfalls einig, dass es sicher zu schwierigsten Herausforderungen überhaupt gehört, das ganze Leben mit einem anderen Menschen zu teilen.

Sich aufeinander verlassen zu können, einander nahe zu sein, ohne gegenseitige Ansprüche – das macht Freunde so kostbar. Dass du jederzeit kommen und gehen kannst. Echte Freundschaften zerbrechen nicht, wenn sie eine Weile nicht gepflegt werden. Sie liegen vielleicht unbeachtet im Keller oder Gebüsch und setzen ein bisschen Flugrost an. Aber wenn du sie wiederfindest, freust du dich und polierst sie. Ältere Herren verwenden dafür vorzugsweise einen guten Rotwein.

Die Kerze auf dem Küchentisch ist heruntergebrannt, die zweite Weinflasche auch schon beinahe leer. Ich hab' zu hektisch getrunken – es macht mich nervös, über mein Buch zu sprechen; mein bester Kumpel ist ein kritischer Zuhörer.

»Aber was ist jetzt deine Botschaft?«, insistiert er, »›Männer fühlen auch – aber anders‹?«

Na ja, so ungefähr. Wir sind nicht so unbeteiligt, wie uns die Frauen das mitunter vorwerfen. So holzköpfig. Das sagen sie bloß, weil sie unsere Gefühlswelt nicht verstehen …

»Weil wir Männer es ihnen nicht erklären? Wir verstehen es nämlich selbst nicht. Weil wir uns immer nur fragen, was Frauen wollen, richtig?«

»Super, ja, genau das ist es! Ist das jetzt 'ne steile These?«

»›Männer, fragt nicht eure Frauen?‹ Ich weiß nicht!«

»›Männer müssen sich emanzipieren!‹ Komm, das ist jetzt aber wirklich steil!«

»›Männer müssen sich emanzipieren‹?«

»Das ist doch 'ne steile These, oder?«

»Keine Ahnung, woher soll ich das wissen! Aber sauf nicht den ganzen Wein alleine aus … Gieß mir lieber auch noch mal ein …«

Ewig, einzig, alles

Liebe ist Kino im Kopf. Der Kuss in Vom Winde verweht, *Vivien Leigh und Clark Gable vor dem brennenden Atlanta. Ingrid Bergman und Humphrey Bogart in* Casablanca: »Play it, Sam ...«. *In dieser Größenordnung stellen wir uns das vor. Gunther Sachs, der vom Hubschrauber aus rote Rosen auf das Haus der Bardot regnen lässt. Edward VIII., der für seine Liebe auf die Krone Britanniens verzichtet. Mal abgesehen von Gables Mundgeruch und Bogarts Plateausohlen – aber viele Personen aus Literatur, Film und echter Geschichte, deren Namen uns vor Sehnsucht aufseufzen lassen, sind doch bei näherer Betrachtung als Vorbilder nur bedingt geeignet. Weil ihnen das Wichtigste in der Liebe überhaupt fehlt: die Augenhöhe!*

»Ich kann nicht essen und nicht schlafen, weil ich nur an Dich denken muss – nicht mal Pudding schmeckt mir.«
Horatio Nelson an Emma Hamilton

Horatio Nelson hat das an Bord seines Flaggschiffs, der »Victory«, geschrieben. Seit ich als Kind Modelle zusammenbaute, habe ich eine besondere Beziehung zu diesem

Schiff. Glückliche Tage waren das, wenn die Eltern zum Einkaufen nach Kassel fuhren und ich ungestört mithilfe einer Pinzette Plastikteile zusammenklebte. Die kleinen Revell-Modelle waren nicht sehr detailreich, und die Lackierung geriet jedes Mal schlampig. Aber das störte meine Träume nicht – von wilden Stürmen und grausigen Schlachten, in die ich mit meinen Schiffchen segelte. Jedenfalls nicht, bis ich zum ersten Mal diesen riesengroßen Bausatz der »Victory« sah. Nicht aus Plastik, sondern aus Holz, Hanf, Leinen und Messing, fertig zusammengebaut fast einen Meter hoch und lang – mit Zinnfiguren des Admirals und seiner Crew und Kanonenrohren aus richtigem Metall. Wie oft habe ich mir die Nase an der Schaufensterscheibe plattgedrückt und davon geträumt, mit dem riesengroßen Karton unter dem Arm bei Spielzeug-Fuhr hinauszumarschieren. Aber mit seinem Preis von 120 Mark lag das Modellschiff natürlich weit jenseits all meiner kindlichen Möglichkeiten. Und der Weihnachtsmann stellte sich taub. Ich schätze, dass sich vor allem meine Mutter gegen den monströsen Staubfänger im Kinderzimmer gewehrt hat.

Manchmal schrumpfen Kindheitserinnerungen mit dem Erwachsenwerden – aber der Karton mit dem großen Holzbausatz der »Victory« war immer noch riesig, als ich ihn mit 35 Jahren Verspätung vergangenen Winter endlich nach Haus trug. Ich konnte es kaum erwarten, den Deckel aufzureißen und anzufangen. Aus diesem Haufen Ulmenleistchen, Sperrholz, Leinen, Zwirn und Nägelchen Nelsons stolzes Schiff zu bauen. An langen Winterabenden ganz und gar zu versinken in meiner

Hände Arbeit. So manchen verregneten Sonntagnachmittag habe ich fluchend Holz über Dampf gebogen, geklebt, genagelt und geschmirgelt. Der Rumpf immerhin
steht fast fertig in der Küche. Er hat nicht viel Ähnlich-
keit mit dem Kartonfoto – dicke Spalten klaffen zwischen
den Planken, einige sind gebrochen.

Das Schwierigste liegt noch vor mir: Masten, Takelage,
Beiboote, Ausrüstung. 90 Geschütze muss ich aus jeweils
elf Teilen zusammenleimen, wie öde ist das denn ... Aus
manchen Kindheitsträumen wächst man wohl einfach
heraus. Auf einem echten Boot zu sitzen und zu träumen,
gefällt mir besser als die schlecht gelaunte Bastelei für
Pedanten.

Das Original von Nelsons Flaggschiff liegt übrigens in
Portsmouth im Trockendock. Während meiner Zeit als
Korrespondent in England habe ich es mindestens drei
Mal besichtigt. Am meisten hat mich die große Admi-
ralskajüte beeindruckt: die lederbezogene Sitzbank unter den großen Heckfenstern, die lange Mahagonitafel,
an der die Offiziere speisten. Und natürlich das Gemälde
dieser wunderschönen Frau, Emma Hamilton, Nelsons
Geliebter. Das Hängebett aus Leinwand, das sie mit Rosen bestickt hat. Das Tintenfass und die Schreibfeder auf
der polierten Mahagoniplatte.

Dort am Sekretär hat Englands Seeheld gesessen und im
Schein der schwankenden Kajütlaterne leidenschaftliche
Briefe an seine große Liebe geschrieben. Gerade ist einer
bei Sotheby's für 16 000 Pfund versteigert worden: »*Was
für ein Gefühl ich habe bei der Vorstellung, mit Dir zu schla-*

fen. Mich entzündet schon der Gedanke, um so mehr würde ich es in der Realität tun. Ich bin sicher, meine Liebe und mein Begehren gehören ganz Dir, und käme eine nackte Frau zu mir in einem Moment, da ich gerade an Dich denke, dann würde sie hoffentlich verdorren, wenn ich sie mit meiner Hand berührte.«

Wie alle großen Worte muss man auch diese mit Vorsicht genießen, seinen Matrosen nämlich predigte Nelson: »Jenseits von Gibraltar ist jeder Seemann Junggeselle!« Horatio Nelson und Emma Hamilton waren *das* Gesprächsthema in den Salons ihrer Zeit, beide anderweitig verheiratet – ein Skandal. Er zeigte sich öffentlich mit ihr, sie bekam ein Kind von ihm. Die beiden sind als eines der ganz großen Liebespaare in die Geschichte eingegangen. Sicher auch, weil sie der Nachwelt so einen Riesenhaufen leidenschaftlicher Briefe hinterlassen haben. Sie sahen sich ja selten, meist war er auf hoher See, da lässt sich trefflich schmachten: »*Der Himmel segne Dich, Du meine Liebe, mein geliebter Engel, mein vom Himmel geschicktes Weib, das liebste einzig treue Weib allein bis in den Tod & etc.*«

»Bevor Du den Körper eines Mannes berührst, musst Du seine Seele berühren. Sonst bleibt nur Asche nach dem Sex.«
Emma, Lady Hamilton

Auf dem Achterdeck der »Victory« ist heute eine Messingplakette angeschraubt. Dort, wo Nelson in der Schlacht von Trafalgar erschossen wurde. Ein Zufallstreffer, blöde Sache. »Gott sei Dank, ich habe meine Pflicht getan«, waren seine letzte Worte. Emma Hamilton – das liebste einzig treue Weib allein bis in den Tod & etc. – landete danach im Armenhaus, wo sie 15 Jahre später einsam und verwirrt starb. Das hat mich immer irritiert an dieser großen Liebesgeschichte. Weil ihm ja klar gewesen sein muss, dass sie nach seinem Tod wieder in der Gosse landen würde, aus der sie einstmals kam. Und ansonsten hat er ja durchaus über sein Ende hinausgedacht: hat 200 Eichen pflanzen lassen, damit immer genug Holz da wäre für die Reparatur seiner »Victory«. Da sieht man mal wieder, wie sehr man sich auf die Kosmos-Atem-Anhalter verlassen kann, und wie sie dann am Ende ihre Prioritäten setzen.

»Sei ganz ruhig, liebe mich wie Deine Augen; doch das genügt nicht, liebe mich wie Dich selbst; mehr als Dich selbst, als Dein Denken, Deinen Geist, Dein Leben, Dein Alles. Verzeih mir, geliebte Freundin, ich fantasiere; die Natur ist schwach, wenn man heftig empfindet, wenn man von Dir erfüllt ist. Weißt Du nicht, dass es ohne Dich, ohne Dein Herz, ohne Deine Liebe für mich weder Glück noch Liebe gibt … Fern von Dir sind die Nächte lang, schal und traurig. Neben Dir wünschte man, dass die Nacht nie zu Ende geht.«
Napoleon Bonaparte an Joséphine de Beauharnais

Noch so 'n Kosmos-Atem-Anhalter. Der kleine große General war seiner Joséphine sehr viel mehr zugetan als umgekehrt. Sie war sechs Jahre älter, eine reife und sinnliche Frau. Sie betörte ihn, er war ihr sexuell verfallen: *»Mein Herz fühlt nie etwas Mittelmäßiges … Es hatte sich die Liebe versagt; Du hast grenzenlose Leidenschaft in ihm her-*

*vorgerufen ... ein Rausch, der es erniedrigt. Was Du dachtest,
beseelte mich vor jeder Auseinandersetzung mit der gesamten
Natur; Deine Laune war für mich ein heiliges Gesetz. Dich
sehen zu können, war mein höchstes Glück; Du bist schön und
anmutig; Deine sanfte und himmlische Seele spiegelt sich in
Deinem Äußeren wider. Ich habe alles an Dir angebetet; wärest
Du naiver und jünger, hätte ich Dich weniger geliebt ...«*

Ihre Antworten bleiben unterkühlt, sie ist keine große
Briefschreiberin. Napoleon ist gekränkt, fühlt sich zu-
rückgewiesen, aber das stachelt seine Leidenschaft
nur noch weiter an: *»Wenn Du mir einige wenige Worte
schreibst, verrät Deine Schreibweise niemals ein tiefes Gefühl.«*
Aber er kocht sie weich und führt sie zum Standesamt.

Sechs Wochen nach der Hochzeit mit Napoleon begegnet Joséphine der Liebe ihres Lebens, dem neun Jahre jün-
geren Husarenleutnant Hippolyte Charles. Das Drama
nimmt seinen Lauf, da sie sich weder vom Geliebten
noch von ihrem Ehemann trennen kann. Der erfährt es in
Ägypten. Und schäumt vor Wut. Rächt sich, indem er sie
von nun an systematisch betrügt. Keine schöne Frau ist
vor ihm sicher. Im Lauf der kommenden Jahre wandern
Offiziersgattinnen, Operndiven, Schauspielerinnen, Hof-
damen, Vorleserinnen, Zirkusartistinnen, Bürgerstöchter
und Zofen gleich reihenweise durch sein Bett.

Joséphine reagiert mit heftigen Eifersuchtsszenen auf
die Eskapaden ihres Mannes. Napoleon kehrt jedes Mal
zu ihr zurück. Genießt es, mit seinen Affären vor ihr zu
protzen, ihr zu zeigen, dass er jede haben kann – er, der
kleine Korse, der es zum Kaiser der Franzosen brachte.

Aber keine reizt ihn so wie Joséphine. Keine liebt und keine hasst er so, weil sie so gleichgültig seine Gefühle betrogen und die große Liebe seines Lebens verraten hat. Weil er nicht von ihr loskommt. Immer wieder ihrer erotischen Faszination erliegt. Um ihn endgültig zu binden, reicht es freilich nicht: »Sie wollte immer mit mir schlafen … besonders zum Schluss, als ich mich zur Scheidung schon entschlossen hatte. Joséphine glaubte, mich so halten zu können.«

Schauen wir uns ein paar andere »große Lieben« aus Geschichte und Dichtung an: Orpheus und Eurydike. Der Typ konnte hinreißend singen – hatte sich aber nicht mal ein Stündchen lang im Griff, als es um das Leben seiner Liebsten ging. Sie wird in den Hades zurückgerissen, weil er sich gegen die ausdrückliche Bedingung der Unterweltgötter während des Aufstiegs aus dem Totenreich zu ihr umdreht.

Romeo und Julia? Schwer zu sagen, sie waren schon tot, bevor sich ihre Liebe hätte bewähren müssen. Allzu belastbar und krisenfest wirkten sie jedenfalls nicht. Kriemhild und Siegfried? Ach Gott – was für ein Ausbund an Verrat!

Kleopatra und Mark Anton? Dank Shakespeare ist ihre Liebe unsterblich geworden, Liz Taylor hat der ägyptischen Königin für immer ein Gesicht gegeben. Liz Taylor und Richard Burton haben sich bei den Dreharbeiten zu *Kleopatra* ineinander verliebt. Auch eine große Liebesgeschichte – aber mehr für Hassausbrüche, Gewalt und

Alkoholexzesse bekannt als für Zärtlichkeit und Respekt. »Wir lieben uns«, sagte Liz Taylor nach der zweiten Scheidung von Richard Burton, »aber wir können nicht miteinander leben.«

Die echte Kleopatra war keine Schönheit. Glubschaugen, lange krumme Nase, fliehendes Kinn. Trotzdem war ihre Sinnlichkeit enorm, sie betörte erst Cäsar und dann Marc Anton. Beide Feldherren waren fasziniert davon, ihr Lager mit einer Frau zu teilen, die ihnen ebenbürtig war; die es bei politischen Ränkespielen und Intrigen mit ihnen aufnehmen konnte.

Cäsar, der ihr auf seiner »Dienstreise« in Ägypten verfallen war, behielt daheim in Rom allerdings einen kühlen Kopf. Nach seiner Ermordung bändelte Kleopatra mit Mark Anton an. Er verfiel ihrer Leidenschaft und Klugheit. Ließ sich sogar in Politikfragen von ihr beraten. Zeugte drei Kinder mit ihr. War happy und meistens bei seiner neuen Familie in Alexandria. Der General aus der asketischen römischen Soldatenrepublik genoss den Luxus am ägyptischen Königshof. Zu Hause in Rom kam das allerdings gar nicht gut an. Man warf ihm vor, er verrate römisch-republikanische Kardinaltugenden an eine orientalische Despotin.

Sein alter Männerfreund Octavian, der spätere Kaiser Augustus, rüstete zum Krieg gegen ihn und besiegte ihn in der Seeschlacht von Actium. Kleopatra hatte ihrem Geliebten die Unterstützung der ägyptischen Flotte versprochen, aber am Ende ließ sie ihn im Stich. So weit zu dieser großen Liebe. Papyrus ist geduldig; das Leben weniger.

Margaret und Dennis Thatcher? Da kommt man nicht so schnell drauf. Weil du immer an diese Furie mit der Handtasche denkst. Sogar Helmut Kohl hatte Angst vor ihr. Also, deren Mann hatte bestimmt nichts zu lachen … »The Boss« nannte er seine Gattin in Interviews. Das Satiremagazin »Private Eye« karikierte ihn regelmäßig als reaktionären Golfspieler mit einem Faible für Gin. Es gab sogar ein Theaterstück über ihn – *Anyone for Dennis*: Während Maggie auf einer Europakonferenz weilt, lädt sich ihr Hausmann ein paar Saufkumpane nach Hause ein. Die Eiserne Lady kehrt überraschend früh zurück und hält Dennis' Kumpel für EU-Kommissare … Ein lächerlicher Pantoffelheld, das war das Bild, das von ihm gezeichnet wurde. Aber ich bin mir sicher, dass sich die beiden absolut auf Augenhöhe begegnet sind. Sonst wäre es auch gar nicht gegangen. Sonst hätte ihn all der Männerspott mehr gekratzt – wenn er sich nicht von seiner Frau in jeder Hinsicht respektiert und geachtet gefühlt hätte. Margaret Thatcher schreibt in ihrer Autobiographie: »Ich hätte niemals über elf Jahre lang Premierministerin sein können, wenn ich nicht Dennis an meiner Seite gehabt hätte.«

Pierre und Marie Curie erhielten 1903 gemeinsam den Nobelpreis für Physik für ihre Entdeckung des Radiums und des Poloniums. Das Element haben sie Maries polnischer Heimat zu Ehren so genannt, die sie verlassen hatte, weil sie dort als Frau nicht studieren durfte. Ihren Mann lernte sie im Labor kennen, und da verbrachten sie auch die meiste gemeinsame Zeit. Zwei Besessene, die ihre Begeisterung für die Wissenschaft teilten, sich einer

Idee verschrieben hatten. Leidenschaftliche Briefe und Gedichte sind nicht überliefert, aber ihre Liebe für- und die Nähe zueinander müssen sehr groß gewesen sein.

Nachdem ihr Mann und Gefährte bei einem Autounfall gestorben war, schreibt Marie Curie in ihr Tagebuch: *»Seit zwei Tagen sind Blätter an den Bäumen, und der Garten ist grün. Am Morgen habe ich mich dort an den Kindern gefreut. Ich habe mir gedacht, dass Du sie schön gefunden und dass Du mich gerufen hättest, um mir das blühende Immergrün und die Narzissen zu zeigen. Auf dem Friedhof gestern wollte es mir nicht gelingen, die in Stein gemeißelten Worte ›Pierre Curie‹ zu begreifen. Die Schönheit der Gegend tat mir weh, und ich zog den Schleier über das Gesicht, um alles durch ihn hindurch zu sehen.«*

Ein Jahr lang verfiel sie in eine schwere Depression, dann forschte sie weiter. 1911 wurde Marie Curie auch der Nobelpreis für Chemie verliehen.

Cherie und Tony Blair teilten die Begeisterung für die Idee von einer gerechteren Gesellschaft. Beide kämpften sie gegen die Klassenschranken, die das Königreich bis heute prägen. In der Labour-Party lernten sie sich kennen – und auch den Hunger nach Aufstieg und Macht hatten sie gemeinsam. Zu Beginn ihrer Ehe schlossen sie einen Handel: Wer zuerst einen Abgeordnetensitz erringt, macht politische Karriere – der andere tritt in den Hintergrund. Cherie gewann, wurde dann jedoch schwanger und Tony Premierminister. »Typisch«, werden viele jetzt sagen, »es sind immer die Frauen, die zurückstecken.« Aber tatsächlich hätte es die scharfsinnige Intellektuelle Cherie Blair in der Politik nie so weit gebracht wie der charismatische Menschenfänger Tony Blair. Sie hat dafür als Anwältin Karriere gemacht, mehr verdient als der Premier – aber im Wahlkampf die treusorgende Mutter und Ehefrau an seiner Seite gegeben. Und seine Politik mitbestimmt. Als Team haben sie aus ihren Möglichkeiten das Optimum herausgeholt, so wie die Obamas. Oder Margaret und Dennis Thatcher. Es hat keinen Sinn, als Torwart eifersüchtig auf den Ruhm des Stürmerstars zu sein – eine Mannschaft siegt gemeinsam. Am besten funktionieren immer Paare, die sich als Team begreifen. Egal, ob sie ein Land regieren, den Nobelpreis gewinnen oder Kinder großziehen.

Aber das schaffen natürlich nur starke Persönlichkeiten. Wenn ich an meine große Liebe zurückdenke, die Frau, die ich betrogen habe – dann war sie eine reife, starke Persönlichkeit und ich nicht. Ich schaute mir mit ihr Eigentumswohnungen an, obwohl ich lieber auf einem Schiff leben wollte. Ich war ein trauriger Erwartungserfüller, und meine einzige Rebellion dagegen bestand im Fremdgehen. Sobald sich einer unterlegen fühlt, wird er gefährlich. Ich bin überzeugt, dass Augenhöhe eine der wichtigsten Ingredienzien einer Liebe überhaupt ist. Augenhöhe und Respekt. Was übrigens keine Frage von Bildung und sozialem Status ist. Und von außen mitunter ohnehin schwer erkennbar, wie ein Paar die Gewichte austariert hat.

»Er war immer meine Stärke und mein Halt.«
Königin Elizabeth II. über ihren Prinzgemahl Philip,
Herzog von Edinburgh

»Chefarzt heiratet Krankenschwester« ist ein klassisches Klischee. Sie können trotzdem auf Augenhöhe miteinander umgehen. Der erfolglose Poet kann eine Quelle der Kraft für die Staranwältin sein. Aber wenn Herr Professor seine Krankenschwester in erster Linie wegen ihres Engelsgesichts und ihres tollen Körpers geheiratet hat – dann wird ihre Ehe mittelfristig eine verdammt öde Veranstaltung. Nicht weil schön = blöd, sondern weil er sie nicht ernst nimmt und keinen Respekt vor ihr hat. Und weil sie das spürt. Wenn die innere Balance einer Beziehung aus dem Gleichgewicht gerät, dann kippt sie um in kleinliches Gezänk, Neid, Missgunst und Kälte. Machtfragen entstehen immer aus Ohnmacht.

Es gibt Frauen und Männer, die aneinander wachsen, und solche, die miteinander schrumpfen. Paare, die sich sichtbar guttun – und solche, die offensichtlich nur die allerschlechtesten Eigenschaften beider zum Tragen bringen. Kleinlich um Prinzipien ringen. Weil keiner das kriegt, was er sich wünscht, und der andere partout nicht begreifen will, wie Unrecht er mir tut. Wenn sich Paare nicht auf Augenhöhe begegnen, geschieht das oft. Wenn Schwäche zum Terrorinstrument wird. Frauen und Männer, nehmt Reißaus vor den Opfern! Ich kenne logischerweise nur die weibliche Seite näher. So eine bedürftige, zarte Seele hat ja durchaus etwas Anrührendes. Aber du kannst keine retten, die lieber Opfer bleiben will. Die einfach nur einen Schuldigen sucht für ihre Unzufriedenheit. Sie wird nicht stolz auf dich sein, deine Stärke nicht als hilfreich empfinden, sondern sie dir neiden. Ertrinkende muss man loslassen, bevor sie einen mit hinunterziehen.

Fluch und Segen – oder:
Die mittelständische Kackefabrik

*Seien wir doch ehrlich: Kinder sind oft entsetzliche Nerven-
sägen. Und du hegst keineswegs nur freundliche Gefühle gegenüber diesem Zwerg, der sich auf den Boden geworfen hat
und nicht mehr aufhören will, aus Leibeskräften zu brüllen.
Wenn Liebe auch die Bereitschaft ist, sich nerven zu lassen,
dann steigern Kinder diese Maxime ins Extreme. Nur dass
dir gar keine andere Wahl bleibt, als sie zu lieben. Kinder sind
weder Beziehungskitt noch Beziehungskiller, sondern schlicht
Verstärker jeglicher Gefühle. Die Idee von Liebe schlechthin – ,
dass du sie weitergibst.*

Das Amselmännchen im Garten flattert hektisch mit einem Wurm im Schnabel zu seinem Nest in der Hecke.
Kommt wieder und schleppt einen neuen Wurm an.
(Auch das Amselweibchen flattert herum und sucht
Würmer, nur zusammen sieht man sie nicht, offenbar
haben sie die Aufgaben geteilt.) So geht das eine Weile
hin und her, einmal kommt das Amselmännchen aus seinem Nest und lässt sich auf dem Randstein nieder. Ganz

ruhig und unbeweglich sitzt es da. Vermutlich ist das jetzt der Moment, wo sich das Amselmännchen mal kurz ausklinkt und durchatmet. Eine rauchen würde, wenn es kein Amselmännchen wäre. Sich fragt, ob es sich das so vorgestellt hat, und dass ein typischer Amselmännchenfilm über einen Amselagenten anders aussieht … Aber jetzt muss es weiter und neue Würmer suchen. Und ich muss auch mal schauen, warum meine Brut in ihrem Wagen neben der Hollywoodschaukel plötzlich so markerschütternd schreit.

Da liegt es nun, dieses kleine Wesen. Mehr Tierchen als Mensch, eine dicke, bleiche Made. Völlig unfertig, kann nichts richtig sehen, mich nicht wahrnehmen. Ein »Menschenjunges«, wie Reinhard Mey singt. Mein Sohn. Strampelt mit Ärmchen und Beinchen, seine winzige Hand umfasst meinen Finger. Ich muss schlucken, weil er mich so anrührt in seiner Hilflosigkeit. Daliegt, strampelt und wie ein Vögelchen mit zahnlosem Mund nach Nahrung giert. Ob mein Vater auch mal so vor meiner Wiege stand? Ob mich dieser hilflose Winzling irgendwann einmal »reaktionäres Arschloch« nennen wird? Ob ich einen schwulen Schwiegersohn unbefangen in den Arm nehmen könnte?

Als meine Tochter auf die Welt kam, war ich 21 – so alt wie mein Vater, als ich geboren wurde. Er hat geheiratet, ich habe mich verpisst. Meine Freundin und ich verstanden uns nicht mehr, wir trennten uns bald nach der Geburt. Es hätte ein Anfang für ein Gespräch mit meinem Vater werden können, diese Gemeinsamkeit, so jung Vater zu werden: »Sag mal, wie war das eigentlich bei dir?« Aber ich schämte mich ein bisschen dafür, dass ich mich verpisst habe. Und er hätte sowieso nie zugegeben, dass ihn die frühe Vaterschaft möglicherweise furchtbar geängstigt und genervt hat. Nicht mal sich selbst gegenüber. Vielleicht hat sie das auch gar nicht. Heiraten, Familie gründen – das definierte damals Männlichkeit. Vermutlich war er glücklich, so jung mit einem Kind beschenkt zu werden. Ich war kreuzunglücklich. Fühlte mich wie der allerallerletzte Spießer, wenn ich sonntags mit Frau und Kinderwagen durch den Park schob. Familienvater – das klang nach Ford Kombi, Reihenhaus und Bierbauch. Nach Abschied und Ende. Schluss mit lustig! So hatte ich mir mein Leben nun wirklich nicht vorgestellt. Mit 50 weißt du, dass du nicht wirklich viel versäumst – schon gar nicht das Leben. Das hier ist das Leben!

Mein ältester Sohn hat in London zwei Jahre mit mir zusammengelebt. Seine Mutter war der Ansicht, dass es einem Jungen guttäte, wenn er nicht nur von Frauen erzogen würde, und eine Zeit lang im Ausland wäre gut. Ich kenne nicht viele Mütter, die so etwas übers Herz brächten und das Wohl ihres Kindes so konsequent über ihre eigenen Bedürfnisse stellen. Und bin dankbar für ihr Vertrauen. Anfangs hatte ich allerdings ziemliche Bauchschmerzen dabei. Wie ich meinen Job als Korrespondent mit seinen unregelmäßigen Arbeitszeiten mit den Aufgaben eines alleinerziehenden Vaters würde vereinbaren können. Ehrlich gesagt bangte ich auch um meine Freiheit, mein hedonistisches Londoner Männerleben. Es ist ein Unterschied, ob du zwischen spannenden Reportagen, Sportstudio und Pub wehmütigen Gedanken an deinen Sohn nachhängst, den du viel zu selten siehst – oder ob du ganz konkrete Vaterpflichten an der Backe hast.

Rückblickend war es eine der glücklichsten Phasen meines Lebens. Mein Sohn und ich hatten eine Menge Spaß. Bemehlten beim Kuchenbacken die ganze Küche, bauten (Raum-)Schiffe aus Lego, bestaunten Dampfmaschinen im Science-Museum und lachten uns schlapp über *Bernd das Brot* im Satellitenfernsehen. Wir plagten uns auch mit Hausaufgaben, und oft schrieb ich meine Radiobeiträge erst nachts, wenn mein Sohn im Bett lag. Manchmal war ich erschöpft. War es nicht gewohnt, dass sich in meinem Leben nicht alles um mich drehte. Aber vermisst habe ich meine Freiheit nicht. Unser Zusammenleben war fordernd und zugleich sehr erfüllend. Eine völlig neue Erfahrung von Liebe und Fürsorge, eine unglaublich reiche und intensive Zeit. Für eine Frau war damals absolut kein Platz in meinem Leben. Aber Glück birgt immer auch die Wehmut der Vergänglichkeit. Ich erinnere mich – als wäre es gestern gewesen – an jene Nacht, in der mein Sohn neben mir im Bett lag und meine Hand hielt, und wir erzählten uns Geschichten, bis er einschlief. Und ich hätte weinen können vor Glück, wagte kaum, mich zu rühren, weil ich diesen Moment bis zum Letzten auskosten wollte. Weil die Zeit, in der mein Kind händchenhaltend mit Papa einschläft, unwiderruflich ihrem Ende entgegenging. Gerade ist er 15 geworden ... und hat einen Halbbruder kommen. Ich kann es drehen und wenden, wie ich will, und mir sonst was einbilden auf meine jugendliche Gesinnung: Man ist so alt, wie man sich fühlt und all so 'n Quatsch, den man sich gerne einredet. Trotzdem führt kein Weg dran vorbei: Ich bin ein alter Vater. Ich werde fast 70 sein, wenn mein Sohn Abitur macht. Und natürlich macht mir das Angst, weil es mich mit meiner eigenen Endlichkeit konfrontiert.

Mit zwei roten Streifen auf dem Schwangerschaftstest hat es angefangen: Ich werde nochmal Vater! Das war erhebend. Eine tolle Vorstellung, mit der Frau meines Herzens dieses Abenteuer zu beginnen. Aber eben nur eine Vorstellung. Das Ultraschallbild mit dem weißen Pfeil – »Boy« hatte der Frauenarzt daneben geschrieben. Ein Gummibärchen in Schwarz-Weiß. Mein Sohn! Faszinierender Gedanke. Aber völlig abstrakt.

Als ich zum ersten Mal sein Herz auf dem Monitor schlagen sah und hörte, hatte ich Tränen in den Augen. Aber das habe ich bei diesen BBC-Dokumentationen über die Wunder der Natur auch. Da wuchs Leben heran, und ich war daran beteiligt – das war ein überwältigender Gedanke. Aber kein Gefühl.

Sie wird Mutter! Wieviel Ehrfurcht das auslöst. Sie übergibt sich morgens, sie hat Sodbrennen, das Baby drückt auf die Blase, sie kann sich die Schuhe nicht mehr selber zubinden. Macht mit ihrem sperrigen Bauch unseren Umzug und schiebt sich langsam wie ein Schwertransport über das Glatteis. Liegt nackt beim Frauenarzt, ein Fremder hantiert zwischen ihren Beinen. Mir ist das unangenehm. Sie sprechen über die Lage des Kindes, Modalitäten der Geburt. Wie kann man so lächeln, wenn man solche Schmerzen vor sich hat? Und nicht mal unser Feierabenddrink ist ihr mehr vergönnt. Du fühlst dich so klein als Mann, wenn du siehst, was die Natur den Frauen aufgebürdet hat. Ehrlich gesagt: Ich glaube nicht, dass Gott eine Frau ist. Oder gerade – folgt man meiner Oma: »Wenn die Männer die Kinder bekommen müssten«, pflegte sie zu sagen, »dann wäre die Menschheit längst ausgestorben!« Und die Frauen sehen dabei auch noch so stark und glücklich aus. Es ist mir ein komplettes Rätsel, was in meiner Frau vor sich geht.

Sie ist jetzt in einer ganz anderen Welt, die mir verschlossen bleibt. Ich lege meine Hand auf ihren Bauch, spüre kleine Tritte – ein echter Mensch ist da drin. Irre! Ich bin vorläufig Zuschauer bei diesem Spektakel. Ich werde mich bemühen, ein gutes Publikum zu sein und meine Mannschaft nach Kräften zu unterstützen. Ich habe ganz gute Erfahrungen damit gemacht, nichts zu tun. (By the way, hab' ich eigentlich schon die Geschichte von dem Typ in der Bar Six erzählt: »You got space« …)

Beim »Hecheln« habe ich übrigens gestreikt! Ich fand die Idee demütigend und anmaßend zugleich. »Geburtsvorbereitungskurs« heißt es wohl korrekt, und ich sehe dabei immer verlegene Männer, die mit ihren walbäuchigen Frauen Wehen-Atemtechnik üben. Ohne mich! *Woher willst du dann wissen, was du bei der Geburt tun sollst?* Ich will ja dabei gar nichts tun.

Begnüge mich mit der Nebenrolle, welche die Natur mir zugeteilt hat. Ich will bei ihr sein – aber tun muss sie etwas und die Hebamme und die Ärztin. Ich werde keine Schmerzen leiden, ich muss nicht pressen – mein

Körper hat keinen Grund zum Hecheln. Und wenn ich solidaritätshechle, bis ich blau anlaufe, macht das die Geburt nicht zum gemeinsamen Erlebnis. Wahrscheinlich waren wir nie weiter voneinander entfernt. Ich will ihr Trost zusprechen, ihre Hand halten, ihr den Schweiß von der Stirn tupfen. Auch gehen, wenn sie mich wegschickt. Aber nicht hecheln und so tun, als hätte ich auch nur eine leise Ahnung davon, was sie in diesem Augenblick fühlt und was in ihr vorgeht.

»Ich als orientalischer Mann habe gehechelt«, lacht mein persischer Freund, »kannst du dir das vorstellen?« Ich kenne eine Menge Männer, die gehechelt haben. Die mitgegangen sind und es brav haben über sich ergehen lassen – und dann hinterher mit anderen Männern ablästerten und sich lustig machten. Wie Männer es oft tun. Wie auch ich es oft getan habe. »Ja, ja« sagen und »leck mich am Arsch« denken. Für eine Gebärende macht Hecheln natürlich Sinn. Wir Männer allerdings sollten uns lieber überlegen, wie wir in unserer Nebenrolle glänzen, statt die Hauptdarstellerin nachzuäffen.

Die absolute Pest ist ja dieser Mann, der eigentlich die bessere Frau sein will. Die Frauenbewegung hat ihn hochgespült. So einen blassen Schleimer, der früher nie eine abgekriegt hatte und nun das Banner der Emanzipation vor sich hertrug. Alle Männer waren übel, nur er nicht. Und deshalb hat er immer die Frauen betatscht, wenn er mit ihnen redete. So auf die sanfte, freundliche Tour. Waren ja quasi Schwestern ... Das sind die Typen, die heute – nein, nicht bloß hecheln, schön wär's – sondern der jungen Mutter das Fruchtwasser von den Schenkeln schlecken. Eine wahre Geschichte! Unsere Hebamme hat sie uns erzählt. Muttermilch trinkt er auch. Es geht nicht darum, ob ich das lächerlich finde – jeder muss selbst wissen, wie er seine Intimität lebt. Aber dieser Typ Mann ist ein anmaßender Kontrollfreak. Er kann nicht einmal demütig in den Hintergrund treten – weil er eine Scheißangst hat, dass irgendwas ohne ihn läuft. Nun will ich damit nicht behaupten, dass jeder männliche Vorkämpfer der Emanzipation ein Fruchtwasserschlecker ist. Aber abgesehen davon ist Kontrollübernahme durch Einschleimen eine durchaus erfolgreiche männliche Taktik.

Unsere Hebamme hielt Geburtsvorbereitungskurse für überflüssig. Man könne sich sowieso nicht wirklich vorbereiten und werde trotzdem das Richtige tun. Meine Frau und ich haben uns also *beide* das Hecheln geschenkt. Dafür auf dem Bett gelegen, Schokolade gegessen und jede Menge Folgen unserer Lieblingsserie *Dr. House* im amerikanischen Original auf DVD gesehen (außer solchen mit Geburtskomplikationen und kranken Babys). Statt zu hecheln, entwickelte ich einen Solidaritätsbauch.

Ja, ich gebe es zu: Ich habe bei der Geburt geheult. Dieses Wunder! Dieses Gottesgeschenk! Wie sollst du nicht angerührt sein von diesem winzigen Wesen, dass seine klitzekleine Hand um deinen Finger schließt. Eine wirkliche Beziehung zu meinem Sohn spüre ich nicht. Er hält uns rund um die Uhr auf Trab. Mit dieser ganz unangenehm hohen Schreifrequenz, die direkt an den Nerven sägt. Ich habe nicht das Gefühl, das dieses wundervolle Wesen mir unvergleichbar viel gibt. Es raubt mir nur sehr viel: Schlaf, Freiheit, die ungebrochene Aufmerksamkeit meiner Frau. Lebensqualität, um es ganz deutlich zu sagen. Dafür ist es relativ langweilig, verglichen etwa mit einer Katze, die sich auf deinem Bauch kringelt oder Wollknäuel jagt. Oder einem Hamster, der am Rad dreht, halt irgendwas macht. Aber dieses Wesen macht gar nix, außer Krach und Dreck.

Ich bin verunsichert und gebe »Vatergefühle« bei Google ein. Ich möchte wissen, wie andere Männer das empfinden und stoße auf einen Artikel in »Eltern.de«. Vier Väter erzählen: vom Glück, über den neuen Lebensinhalt, wie sich Prioritäten plötzlich verändern – das Übliche eben. Aber viel spannender als der professionell geschriebene Artikel ist natürlich das Forum, dem er als Aufhänger dient. Den Gedanken und Gefühlen ganz normaler Neuväter:

Welche Vatergefühle verspüren Sie?
Jetzt sind wir neugierig, was andere Väter von den State-
ments der Männer halten: Können Sie deren Empfindungen
nachvollziehen? Was hat sich in Ihrem Leben verändert?
Wann haben Sie das erste Mal Vatergefühle verspürt – und
wie war das für Sie? Erzählen Sie uns Ihre ganz persönliche
Geschichte – wir sind sehr gespannt! Natürlich können Sie
diese auch anonymisieren, falls es Ihnen doch ein wenig zu
persönlich ist. Und selbstverständlich sind auch Mütter ein-
geladen, davon zu berichten, welche Vatergefühle ihre Kinder
bei ihrem Partner geweckt haben.

Haben Sie eine eigene Geschichte?
> Hier können Sie Ihre Geschichte eintragen!

Ihre Geschichten:

Es wurden bisher noch keine Geschichten eingetragen.
Eltern.de

Ja, klar, ich liebe meinen Sohn. Habe ihn vom ersten Augenblick an geliebt. Ich hatte gar keine Wahl. Du siehst
dieses hilflose Wesen, du weißt, es ist ein Teil von dir,
und du hast jetzt eine Aufgabe, eine Verantwortung. Ob
du Lust darauf hast, oder ob der Groll in dir hochsteigt
beim Versuch, den Schreihals frühmorgens um drei zu
beruhigen – aber du stellst das nicht infrage.

Anders als bei einem Partner, der dir auf den Senkel
geht. Liebe unter Erwachsenen ist nie bedingungslos.
Dieses Wesen liebst du, auch wenn es dir die Nächte zur
Hölle macht. Und du wirst es mutmaßlich auch noch

lieben, wenn es mal Banken überfallen sollte. Natürlich lieben Eltern ihre Kinder mehr als umgekehrt. Weil sie selbst in dem pubertierenden 14-Jährigen, der die Kommunikation eingestellt hat, noch das niedliche Baby sehen. Während Eltern für Kinder halt von vornherein langweilige Erwachsene sind.

Wir sind ein Amselpärchen, das seine Brut versorgt. Meine Frau und ich betreiben eine mittelständische Kackefabrik. Die ersten beiden Monate kümmern wir uns gemeinsam um das neue Familienmitglied. Es wird noch gestillt, Mutter und Kind eine feste Einheit. Ich kaufe ein, koche, wickle, sorge dafür, dass es meinen beiden gutgeht. Anders als befürchtet, fühle ich mich nicht ausgeschlossen. Das Baby hat nichts Trennendes, sondern lässt uns als Paar enger zusammenwachsen. Manchmal nehmen wir gestresst einander in den Arm und kotzen gemeinsam ab über den kleinen Terroristen und unser Sklavendasein. Träumen davon, mal wieder zusammen auszugehen und uns zu betrinken. Stellen uns vor, wie wir uns an unserem ersten Abend ohne Kind ein Hotelzimmer nehmen. Um einfach nur mal zu schlafen … Wir führen lange, gute Gespräche, während wir den Kinderwagen an der Elbe entlangschieben. Genießen rare Mußestunden und schauen die restlichen Folgen *Dr. House* (außer denen mit kranken Kindern). Ohne Ton, nur mit Untertiteln, damit das Baby nicht aufwacht.

Es ist eine Zeit mit einem besonderen Zauber – und ich bin sehr traurig, als sie vorbei ist. Weil meine Elternzeit erst mal endet, und ich wieder jeden Morgen ins Büro fahren muss, auf Konferenzen sitzen.

Papi geht arbeiten, und Mami kümmert sich ums Kind. Ganz klassisch. Dabei sind wir beide leidenschaftliche Radiojournalisten. Ich habe 30 spannende Berufsjahre hinter mir, es hätte einiges dafür gesprochen, dass ich nun zurückstecke. Aber mein Gehalt ist nun mal höher, deshalb nehme ich nur vier von insgesamt 14 Monaten Elternzeit, deshalb arbeite ich Vollzeit. Sachzwänge! Es sind Sachzwänge, deretwegen überhaupt nur 20 Prozent aller Väter Elternzeit nehmen, und davon auch nur ein Viertel länger als zwei Monate. Weshalb nur ein Drittel aller Mütter Vollzeit arbeitet, aber fast alle Väter. Sachzwänge. Denn gut und fair finden das die wenigsten. Fragt man Männer, was sie am meisten vermissen, sagen fast alle: »Mehr Zeit für die Familie«. Tatsächlich – das belegen sämtliche Umfragen – arbeiten die meisten Männer aber eher mehr, wenn sie Kinder haben.

»Ich weiß nicht, ob ich beim Geburtstag meiner Tochter werde dabei sein können«, klagte kürzlich ein Bekannter, »in meinem Job musst du halt immer 100 Prozent geben, alle tun das …« Frauen pflegen kranke Kinder; Männer übernehmen Abendtermine. Es sind immer die Mütter, die flexible Arbeitsbedingungen fordern. Während viele Männer so tun, als ginge sie das alles gar nichts an. 40 Prozent aller weiblichen Führungskräfte haben Kinder – bei den Männern sind es 96 Prozent. Frauen müssen sich nach wie vor entscheiden zwischen Kind und Karriere.

Wenn die Frauen die Gleichberechtigung wollen, müssen sie auch ohne unsere Hilfe klarkommen. Das war die trotzige Männerreaktion auf die Emanzipation, und die Frauen haben nicht widersprochen. Man gibt sich in einem Konflikt keine Blöße. Nun ist es vielleicht endlich mal an der Zeit, die Konfrontation endgültig hinter uns zu lassen und zu einem konstruktiven Miteinander der Geschlechter zu kommen. Denn an den Tatsachen führt ja kein Weg vorbei: Die Natur hat den Frauen mit der Mutterschaft einen klaren Wettbewerbsnachteil aufgebürdet. Sie hat die Lasten der Fortpflanzung sehr ungleich und nicht besonders fair verteilt.

Gleiche Rechte bringen aber wenig, wenn wir daraus nicht gemeinsam auch gleiche Chancen und Möglichkeiten machen. Die Defizite irgendwie ausgleichen. Schließlich ist »Familie« ein gemeinsames Projekt.

Wenn dein Partner schwerer zu schleppen hat, hilfst du ihm tragen – und läufst nicht leichtfüßig davon. Oder schaust vom Sessel aus seelenruhig zu, wie der andere sich abrackert. Das ist unfair und rüpelhaft! Und wird zum Eigentor, weil schlechte Manieren das Klima vergiften. Es geht – auf den Punkt gebracht – um ein bisschen mehr Männersolidarität mit den Frauen. Um Partnerschaft, nicht um Fruchtwasserschleckerei. Um ein wenig mehr Höflichkeit, Respekt und Rücksichtnahme. Der »Gentleman« ist kein Auslaufmodell, er wird dringender gebraucht denn je.

Natürlich fühlt es sich bedeutender an, eine Sendung zu moderieren, als Schlaflieder zu singen. Auch wenn jemand anderer meine Sendung übernehmen kann. Wenn einer seinen Urlaub abbricht, weil es in der Firma

»brennt«, zeigt das, wie wichtig er ist. Von mir aus glauben wir ihm mal, dass kein anderer es regeln kann. Dass er absolut unentbehrlich ist auf seinem Posten. Gut, aber dann muss er sich halt auch entscheiden. Weil wir heute alle sehr viel weiter sind als vor 50 Jahren und wissen, wie wichtig Väter sind. Und weil er dieser Rolle dann nicht genügen kann. Eine Frauenquote wird die Arbeitswelt nicht familienfreundlicher machen, wenn sie am Ende nur dazu führt, dass sich Frauen männlicher Unentbehrlichkeitskultur unterwerfen. Solange sich immer jemand findet, der einspringt für die Kollegin mit dem kranken Kind, haben Mütter schlechte Karten und Väter keine Zeit für ihre Kinder. »Dieser Job verlangt einem viel ab. Wenn dann die Familie intakt bleibt, können Sie sich glücklich schätzen«, sagte der ehemalige Infineon-Vorstand Peter Bauer. »Nein, für mich gibt es keinen 80-Prozent-Vorstandschef, zumindest hat bisher nur der volle Einsatz funktioniert.«

Was würde denn passieren, wenn mehr Männern die Geburtstage ihrer Kinder wichtiger wären als irgendein spät angesetztes Meeting? Würden Firmen reihenweise pleitegehen und die Wirtschaft zusammenbrechen? Man mag mich naiv schelten. Weil es in manchen Positionen eben nur mit »ganz oder gar nicht« geht. Aber letztlich bestimmen wir die Rahmenbedingungen, unter denen wir leben und arbeiten wollen – und nicht die Umstände uns.

Vor zweihundert Jahren wärst du ausgelacht worden, hättest du ein Verbot der Kinderarbeit gefordert. Aber es brach keine Volkswirtschaft zusammen, weil 12-Jährige nicht mehr unter Tage schufteten. Und sie wird es vermutlich auch dann nicht tun, wenn die meisten Menschen irgendwann einmal womöglich bloß noch vier Stunden arbeiten, oder nur jede zweite Woche, oder von zu Hause aus, oder was für Beschäftigungsmodelle auch immer uns noch einfallen werden. Auch wenn momentan noch Sachzwänge dagegenstehen.

»Happy wife means happy life.«
Sylvester Stallone

Gestern lag diese Made noch hilflos rudernd da – und heute rollt er sich schon aus eigener Kraft zur Seite. Morgen wird er auf allen vieren krabbeln. Übermorgen zieht er sich am Stuhlbein hoch. Mein Sohn entdeckt die Fortbewegung.

Ich schaue der Evolution im Zeitraffer zu. Ich baue einen Turm aus Holzbauklötzen. Mein Sohn reißt ihn ein. Ich baue einen neuen Turm, komme aber nicht mehr sehr weit. Er ist schneller. Hat einen Heidenspaß dabei ... Ich mache ihm vor, wie man Bauklötze übereinanderschichtet, aber er kapiert das Prinzip nicht. Er ist voll auf kaputtmachen programmiert.

Gestern hat diese Made noch blicklos und blöde ins Leere gestarrt – heute hält er sich ein Bauklötzchen ans Ohr. Weil er mich mit dem Handy hat telefonieren sehen. Zerrt mich am Bein, wenn ich mit ihm spielen soll. Überwältigt mich mit diesem glucksenden Babylachen, wenn ich ihm bei der Verfolgungsjagd auf allen vieren den Weg abschneide.

Wie zornig dieser kleine Mann werden kann! Wie er auf mich reagiert, und ich täglich ein bisschen besser erahne, was er will. Mein Sohn entdeckt die Kommunikation. Du kannst beinahe zuschauen, wie sich dieses winzige ahnungslose Gehirn vernetzt, Zusammenhänge erschließt. Dass die Ente quiekt, wenn er da draufdrückt, beispielsweise. Dass er gebadet wird, wenn der Wasserhahn rauscht.

Meine Frau und ich leben gerade mal wieder in unterschiedlichen Welten: Sie freut sich darauf, nach zwölf Monaten Elternzeit wieder zu arbeiten – und ich sehne den zweiten Teil meiner Elternzeit herbei. Zwei Monate sind nicht die Welt. Aber zwei Monate raus aus der Mühle, Zeit mit meinem Sohn verbringen, Zeit für mich selbst haben. Keine Konferenzen, keine Termine. Morgens das Würmchen nochmal zum Kuscheln ins Bett holen, während meine Frau ins Funkhaus fährt. An der Elbe spazieren gehen, im Café sitzen und sich nachmittags mit Freunden treffen. Was habe ich sie darum beneidet. Keine Ahnung, warum meine Frau so unergründlich lächelt …

Der Zauber unserer gemeinsamen zwei Monate Brutpflege, an die ich mich immer so gerne erinnert habe – er ist verflogen. Komplett! Ich bin allein mit dem Terrorwichtel. Um dessen Bestes ich mich nach Kräften bemühe, und der die ganze Zeit gegen mich arbeitet. Statt dankbar zu sein, dass ich ihn aus der Scheiße hole, brüllt und wehrt er sich nach Leibeskräften. Die Windel fällt runter, natürlich auf die falsche Seite, Kacke auf dem Teppich, Kacke am Fuß. Ein weiterer kleiner Tritt, die

Schüssel mit dem Kackewasser fliegt hinterher. Warum schreit er? Hat er Hunger? Ist er müde? Vielleicht ist ihm auch bloß langweilig? Ich breite Bauklötze, Lego und ein nervtötend quäkendes Kinderhandy auf dem Teppich aus – und tatsächlich spielt er jetzt friedlich vor sich hin. Geht doch! Ich nehme meinen Laptop auf die Knie – aber sofort wird dem kleinen Mann wieder langweilig, und er plärrt. Also schichte ich wieder Bauklötze aufeinander. Stundenlang.

Bis es ihm langweilig wird, und er wieder plärrt. Füttern lässt er sich nicht mehr, er will selbst aus der Schüssel löffeln, aber das Lätzchen mag er auch nicht, reißt es sich wutentbrannt vom Hals.

Als meine Frau nach Hause kommt, bin ich heilfroh. Und ein bisschen demütig. Hatte mir das alles so toll vorgestellt. Den Superpapi geben, ein bisschen schreiben, neue Kochrezepte ausprobieren. Die Küche sieht aus wie ein Schlachtfeld, das Kind wie ein Schwein, und wir bestellen eine Pizza. »Das wird schon«, tröstet mich meine Frau, »ist alles eine Frage der Routine.« Klar. Füttern, anziehen, wickeln – nicht besonders anspruchsvoll, krieg' ich hin, Übung macht den Meister. Dass du den ganzen Tag mit einem Menschen verbringst, der dich permanent fordert und dabei letztlich doch allein bist – das schlaucht. Mir graut jetzt schon vor morgen. Ich werde wieder keine ruhige Minute haben und trotzdem nicht wissen, wie ich diesen elend langen Tag herumbringen soll.

Diese winzigen Druckknöpfe sind die Pest! Wieso näht man keine Klettverschlüsse an Babyklamotten? Der Wichtel windet sich wie ein Aal und kreischt wie am

Spieß, als würde er misshandelt. Dann ändert er die Taktik und macht sich brettsteif, während ich seine Ärmchen und Beinchen in Strumpfhöschen, Pulloverchen und Jäckchen zu zwängen suche. Drei Versuche mit dem Mützchen – der Trick besteht darin, die Bändchen schneller zuzubinden, als er es sich vom Kopf reißen kann. Ich verspüre Triumphgefühle, als der Gurt des Kindersitzes im Auto endlich einrastet, mein Wichtel beruhigt sich schnell während der Fahrt. Kurz vor dem Ziel übergibt er sich in hohem Bogen, ist von oben bis unten vollgekotzt. Ich habe natürlich keine Klamotten zum Wechseln mitgenommen, und mir ist ein wenig nach Weinen zumute.

Ich bin mit meinem Kumpel im Café verabredet, er grinst mich an, als ich aus der Toilette komme, das Kind notdürftig gereinigt. Er hat gerade einen neuen Job angefangen. Ist mit Mitte 40 nochmal durchgestartet. In einem Alter, wo die meisten allmählich die Füße unter den Tisch strecken. Muss sich noch mal bewähren und messen lassen, in Konferenzen kluge Sachen sagen und sich einen neuen Platz erkämpfen, statt den alten bloß noch zu behaupten. Er steht mächtig unter Druck, aber ich beneide ihn um das Adrenalin, die Herausforderung, die Bedeutung. Um den schönen Anzug und das blütenweiße Hemd. Fühl' mich in dem durchgeschwitzten Sweatshirt mit der Babykotze dran so klein und ausgeschlossen aus dieser Welt, die auch mal meine war.

»Und wie ist es so in der Elternzeit?«, fragt mein Kumpel.

»Wundervoll! Eine unglaubliche Erfahrung! Nochmal was komplett Neues anzufangen in einem Alter, in dem andere schon mit Enkeln spielen. Wobei Enkel den Vorteil haben, dass man sie wieder abgeben kann …«

»Ja, fand ich auch, eine ganz intensive Zeit. Ich denk' gern dran zurück. Ich beneide dich, dass du das noch mal erleben darfst.«

»Kannst ja mal babysitten kommen bei mir!«

»Ach weißt du, mach dir mal keinen Kopf: Männer können mit so klitzekleinen Kindern noch nicht so viel anfangen – das ist eben so. Wart's ab, es wird immer besser.«

Ich muss los, nach Hause, der Kleine wird unausstehlich, wenn er nicht rechtzeitig ins Bett kommt. Aber momentan wirkt er ganz zufrieden. Lässt sich von der Kellnerin bespaßen, die ihn herzallerliebst findet und mampft zufrieden ein Croissant. Auf der Rückfahrt wird er wieder kotzen.

»Was macht eigentlich dein Buch?«, fragt mein Kumpel beim Abschied, »hast du endlich 'ne steile These?«

»Ja: ›Kleine Kinder gehören zu ihren Müttern‹«, antworte ich bissig.

Aber mal ganz ernsthaft: Womöglich ist es für Frauen wirklich leichter. Jedenfalls am Anfang. Womöglich tun sich Männer wirklich schwerer mit klitzekleinen Kindern. Alle Väter, mit denen ich spreche, erzählen mir das im Vertrauen.

»Wie kommst du eigentlich auf die Idee, dass es für mich weniger langweilig ist, den ganzen Tag mit einem Kleinkind zu verbringen?«, fragt meine Frau erstaunt.

»Na, weil Mütter von Anfang an eine natürliche Bindung haben zu ihrem Kind, das sie neun Monate unter dem Herzen getragen haben. Ist doch logisch! Bei Männern muss sich das erst entwickeln.«

»Das ist Unsinn«, behauptet meine Frau, »er war mir genauso fremd wie dir. Hatte nichts zu tun mit dem Gefühl in meinem Bauch.«

»Daddy's Inn: Hier können sich unsere Väter treffen, während die Mamas die Kleinen zu Bett bringen, aber auch die etwas Größeren können hier an Billard, Tischkicker und Dart schon für später üben.«
Aus der Internetwerbung eines Familienhotels

Was in der Zeitung steht, oder ob ich Nachrichten höre, ist für mein Leben momentan völlig belanglos. Ich kann's also ruhig auch lassen. Mit dem Baby Freunde zu besuchen, ist kein Gewinn, ich muss mir den Stress nicht antun. Ihre Jobs und Projekte und Probleme mit Kollegen interessieren mich eh nicht. Es gibt gerade nur eine Aufgabe in meinem Leben: diesen Wichtel zu versorgen und zu unterhalten, und der werde ich mich jetzt mit Hingabe widmen. Ich verabschiede mich einfach vorübergehend von dieser Welt da draußen und besinne mich auf meine Fähigkeit »nichts zu tun«. Gemeinsam mit meinem Söhnchen.

Wickeln, füttern, anziehen – das wird schnell Routine, dabei kann ich abschalten, das Hirn runterdimmen.

Darüber hinaus besteht keinerlei Zwang, aus meiner Elternzeit irgendein besonderes Papi-Event zu machen. Ein Mal am Tag drehe ich eine Runde mit dem Kinderwagen, um den Wichtel zu lüften und einzukaufen. Und dabei lasse ich die Schlafanzughose unter der Jeans an. Um es mir hinterher so schnell wie möglich wieder bequem zu machen mit meinem Kleinen – und mich von ihm antreiben zu lassen. Verfolgungsrennen auf allen vieren durch die Küche, Türmchen aus Bauklötzen bauen. Inzwischen gelingen mir recht gewagte Konstruktionen, wenn mir der Wichtel die Zeit dazu lässt – und manchmal vergesse ich darüber alles andere. Statik – alles eine Frage der Statik! Es gibt für jeden von uns eine Menge zu entdecken in diesem Kinderzimmer. Es muss ungeheuer aufregend sein, wenn alles um dich herum neu ist. Blümchen auf dem Boden, Fliege am Fenster, all diese stinklangweiligen Dinge findet er unglaublich spannend. Wir haben Spaß! Jedes Mal, wenn er den Besenstil hebt, drücke ich die Quietschente, weil ich wissen möchte, ob er daraus den Schluss zieht, dass er das Quietschen mit dem Besenstiel auslöst. Ein aussagefähiges Ergebnis bringt mein Experiment allerdings nicht. Inzwischen kann der Kleine die Treppe hochkrabbeln, affenartig, und findet es auch beim 28sten Mal noch urkomisch, wenn ich ihn einfange und wieder runtertrage. Abends erzähle ich meiner Frau voller Begeisterung, dass unser Sohn einen Schraubverschluss auf eine Flasche schrauben kann. Das sind die Höhepunkte meines Lebens: Ich bin bei einer Menschwerdung dabei.

An nichts davon wird sich unser Sohn später erinnern. Kürzlich habe ich meinen ältesten Sohn gefragt, wie weit sein Gedächtnis zurückreicht – und er schilderte eine Begebenheit aus der Zeit, als er drei Jahre alt war.

Ich glaube nicht, dass Eltern den Charakter eines Kindes maßgeblich prägen – ich bin davon überzeugt, dass jedem von uns seine Persönlichkeit von Anfang an selbst gehört. Und das Beste, was Eltern tun können, ist, dieser Persönlichkeit Raum zu geben. Statt sie zu verbiegen, damit sie zu ihren eigenen Wünschen und Vorstellungen passt. Ich erinnere mich, als wäre es erst gestern gewesen, wie sich mein ältester Sohn im dichtesten Londoner Gewimmel einmal von meiner Hand losriss und in der Menge verschwand. Ich war natürlich total erschrocken, aber dann tauchte er schon wieder auf und sagte nur: »Der arme, arme Mann!« Er hatte einem Bettler sein Taschengeld in den Hut geworfen, und ich dachte tief gerührt, was dieser kleine Mann doch für ein großes Herz hat. »Mach grün!« schrie er mit vier, wenn wir im Auto saßen. Weil er wirklich glaubte, dass sein Papi mit einem Fingerschnipsen die Verkehrsampeln beherrschte. Es war jedes Mal ein Riesenspaß, bis mein Sohn irgendwann bemerkte: »Du kannst ja gar nicht grün machen!« »Doch«, sagte ich, schnipste mit dem Finger – und es wurde grün. »Nein, kannst du gar nicht! Du wartest nur, bis die andere Ampel rot ist.« Ich erinnere mich, wie ich versuchte, ihn zum Anziehen zu zwingen und zum Spazierengehen zu nötigen. Und herzhaft lachen musste, als dieser Dreikäsehoch zu mir sagte: »Kein Mensch darf einem anderen sagen, was er tun soll!«

Rückblickend habe ich vermutlich mehr von meinem Sohn gelernt als er von mir. Und jetzt ist er fast schon ein großer Mann mit einem großen Herzen. Sehr ernsthaft stand er da in seinem dunkelblauen Konfirmandenanzug – mir längst über den Kopf gewachsen. Loslassen ist für Eltern schwerer als für Kinder. Für die einen ist es Abschied, für die anderen Aufbruch. Ich wünsche ihm, dass er sich das freundliche Kind in seinem Herzen bewahrt. Ich hoffe, dass ich ihm dort einen Platz mitgegeben habe, an den er gerne zurückdenkt. Und immer wieder zurückkehrt.

»Das Ziel eines Kindes ist es nicht, ein erfolgreicher Erwachsener zu werden, genauso wenig wie es das Ziel eines Gefangenen ist, ein erfolgreicher Gefängniswärter zu werden. Ziel eines Kindes ist es, ein erfolgreiches Kind zu werden.«
Judith Harris, amerikanische Psychologin

Ich freue mich darauf, noch einmal mit einem Kind die Welt zu entdecken. Zu staunen. Wie er mich rührt, wenn er schlafend in all seiner Unschuld in seinem Bettchen liegt und leise schnarcht. Mir angesabbertes Brot in den Mund stecken will, sein kleiner Mundgeruch morgens nach dem Aufwachen, dieser süße Samtarsch. Doch – er ist viel aufregender als eine Katze oder ein Hamster, vor allem lacht er.

Dieses ansteckende, durch und durch gehende Glucksen, wenn ich seinen Bauch streichle und sein kleines Doppelkinn kitzle. Das geht mitten ins Herz.

Jetzt geht mein jüngster Sohn schon in die Kita. Zuerst nur für eine Stunde täglich – zum Eingewöhnen. Sobald ich ihn auf den Boden setze, krabbelt er auf die anderen Kinder zu und stürzt sich ins Gewühl. Ich bin vergessen. Es ist fast ein bisschen verletzend. Einen einzigen Mann gibt es in der Kita, sonst lauter Erzieherinnen, ich begegne ihm mit Misstrauen, kann ihn nicht recht ernst nehmen. Ein Mann, dessen Beruf es ist, den Tag mit Kleinkindern zu verbringen, ist schon ein bisschen merkwürdig, oder? Sehr entlarvend, bei welchen Gedanken man sich so ertappt.

Mein Sohn ist bei den anderen Kindern das »Piratenkind«. Weil ich zuweilen meinen Dreispitz trage, wenn ich ihn in die Kita bringe. Das Piratenkind – da hätt' er's schlechter treffen können, meinte mein ältester Sohn. Gestern hatte ich eine Wollmütze an, und prompt fragt die Erzieherin, wo denn der Papa vom Johnny seinen Piratenhut gelassen hat.

Ich habe ihn meinem großen Sohn zur Konfirmation geschenkt – damit er weiß, dass da an Bord immer ein Platz für ihn ist. Dass ich jederzeit bereit bin zu einer neuen Kaperfahrt mit ihm. Ob er mich peinlich findet?

Elternfrühstück in der Kita. Selbstgebackenes Kürbisbrot essen mit lauter überengagierten Müttern, die sich mir vorstellen als Mama von sonstwem ...

Aber gut, was willste machen! »Ein wenig *networking* betreiben« nannte es meine Frau. Schön, dass sie mir das Gefühl geben will, etwas Wichtiges zu tun, wenn ich mit anderen Müttern Kaffee trinke und über Kinderkacke plaudere, und ob meiner schon läuft und dass ihrer noch nicht durchschläft, und was man denn da machen könne ...

Wir haben zusammen das *Guten-Morgen-Lied* gesungen und saßen auf winzigen Hockerchen in Bodennähe hinter den winzigen Stühlchen unserer Kinder vor winzigen Tischchen, die beladen waren mit Brötchen, Kuchen, Börek und selbst gekochter Marmelade. Die Kinder haben fröhlich durcheinandergeplappert und Apfelsaft auf ihre Brötchen gegossen – und ich spürte diese klitzekleinen Fingerchen meines Sohnes auf meiner Hand und atmete diesen unglaublichen Babyduft aus seinen zarten Haaren und freute mich, dass er einen so gesunden Appetit hat.

Das fand auch die Betreuerin, wir sind inzwischen beim Du. »Ich heiße Holger«, sage ich, wobei das gar keine Rolle spielt. Ich bin der Papa vom Johnny …

Etwas ratlos habe ich den »Spiegel« beiseitegelegt. Eine Titelgeschichte über die ewige Liebe. Genau mein Thema. Alle träumen davon – so viele scheitern. Gibt es sie überhaupt, die »ewige Liebe«? Was ist das Geheimnis glücklicher Langzeitpaare? Der Artikel nähert sich der Liebe vor allem von der wissenschaftlichen Seite. Aber spektakuläre Erkenntnisse hat auch die Forschung nicht erbracht. Zusammenfassend bleibt: Sex ist auf Dauer keine tragfähige Basis, Freundschaft wichtig – und Kinder sind Beziehungskiller. Glaub' ich nicht! Legt man die Zahlen zugrunde, macht es für die Zufriedenheit von Paaren gar keinen Unterschied, ob sie Kinder haben oder nicht. Kinder sind weder Beziehungskiller noch Beziehungskitt – sie sind schlicht »Verstärker«. Wenn sich ein Paar schon vorher wegen jedem Mist in die Haare gekriegt hat, wird es sicher die Hölle. Weil du die Selbstbestimmung über dein Leben komplett verlierst – Sklave eines kleinen, tyrannischen Zwergs bist, um den du alles andere irgendwie herumorganisieren musst.

Wie oft denke ich wehmütig zurück an die Zeit, als ich mit meiner Frau in New York den ganzen Nachmittag auf einer Barterrasse in der Sonne saß. Wir planten und träumten ohne Grenzen und schauten einander tief in die Augen.

Hingen an verregneten Sonntagen mit einer DVD und einer Flasche Sekt auf dem Sofa ab und gingen abends zum Italiener. Oder Vietnamesen. Oder wonach sonst uns gerade war. Ließen uns treiben. Damit musst du erstmal klarkommen als Paar: dass Lust und Neigung keine Kategorien mehr sind in eurem Leben, sondern Pflicht und Verantwortung an erster Stelle stehen. Dass ihr ein Amselpärchen seid, das seine Brut versorgt. Das kann euch auseinanderbringen – oder zusammenschweißen. Mit Kindern zeigt sich sehr deutlich, ob sich ein Paar das Leben leicht oder schwer macht. Ob die beiden miteinander an Aufgaben und Herausforderungen arbeiten und wachsen – oder gegeneinander und sich fertigmachen. Paare, die an Kindern scheitern, wären früher oder später auch an weniger gravierenden Problemen gescheitert. Und ein Paar, das trotzdem lacht, kann auch sonst nicht mehr viel erschüttern.

Kürzlich habe ich drei Wochen Korrespondentenvertretung in London gemacht. Ehemalige Heimat. Drei Wochenenden ausschlafen und abends in den Pub gehen. Völlig frei sein, es war ein Hauptgewinn! Aber nach vier Tagen habe ich mich entsetzlich gesehnt nach diesen kleinen Ärmchen um meinen Hals. Das warme abendliche Familienchaos vermisst. Natürlich hatte ich früher mehr Spaß. Aber nicht so viel Freude. Natürlich benei-

den meine Frau und ich oft kinderlose Paare – vorzugsweise Samstagmorgens um fünf. Oder um ihre schicken,
aufgeräumten Wohnungen – Kinder sind Gift für jedes
Design, da darf man sich nichts vormachen. Manchmal
wünschen wir uns eine Kalaschnikow, wenn kinderlose
Paare von ihrem Urlaub erzählen. Aber irgendwo tun
sie uns auch leid. Und so richtig ernst nehmen können
wir sie eigentlich auch nicht … Denn egal, wie stressig
es mitunter sein kann, aber wenn so ein Wichtel erst
einmal da ist und sich in dein Herz gekrallt hat – dann
kannst und willst du dir ein Leben ohne ihn gar nicht
mehr vorstellen. Es ist das Gefühl, Teil zu sein von etwas
unsagbar Großem. Einer Familie. Es hebt unsere Liebe
auf eine neue Ebene. Weil es quasi die Uridee von Liebe
überhaupt ist – sie weiterzugeben.

Und wenn ich später einmal im Buch meiner glücklichen Erinnerungen blättere, dann werde ich dort weder
den vergammelten Sonntagnachmittag noch verschis-
sene Windeln finden. Sondern mich morgens um fünf
verschlafen und albern zusammen mit meiner Frau und
dem unwirschen Wichtel auf dem Küchenfußboden sitzen sehen, kölsche Karnevalslieder singen und dazu auf
ein Salatsieb trommeln.

---

*»Glückliche Menschen haben ein schlechtes Gedächtnis
und reiche Erinnerungen.«*
Thomas Brussig

Während meiner Elternzeit habe ich einen Heidenres-
pekt vor allen Alleinerziehenden bekommen. Für die das
Lebensalltag ist – und keine Episode. Die immer allein

sind mit ihrem Kind. Nicht mal jemanden anrufen und bitten können, eine Pizza mitzubringen. Oder Windeln. Mit keinem reden, wenn das Kind im Bett ist. Ich hätte nie gedacht, dass mich diese läppischen zwei Monate Elternzeit so erschöpfen würden. Dass ich mich einmal wieder so auf eine Konferenz freuen könnte. Wo sich zumindest keiner auf den Boden wirft und anfängt zu plärren. Ich kann mit Kollegen in Ruhe in der Kantine Mittag essen, ohne dass der Wichtel an meinem Bein zerrt und knört, weil ich ihm nicht meine ungeteilte Aufmerksamkeit widme. Ich kann sogar auf die Toilette gehen. Ich erzähle gern von meiner Erfahrung, der Entdeckung der Vaterschaft, dem neuen Sinn und so … Wenn ich früher als üblich das Funkhaus verlasse, binde ich es jedem auf die Nase, dass ich mein Söhnchen von der Kita abholen muss. Jeanne Rubber lästert in der »Süddeutschen Zeitung« ja sehr heftig über die neuen Väter, die ein Riesending daraus machen. Der angebliche Trend zum »betreuenden Papa« sei ein gefühlter – schreibt sie, und die neuen Männer seien vor allem in einem Punkt großartig: in der Selbstdarstellung.

Manche schrieben Bücher über sich und ihren aufregenden Alltag, andere erklärten ihren Kindern (und ihren Lesern) gleich die ganze Welt, so wie der Allzweckphilosoph Richard David Precht. Die neuen Väter nervten, weil sie eine Selbstverständlichkeit als Heldentat inszenierten, damit jeder wisse, was für moderne Väter sie seien.

Wenige Tage später zeichnet Familienministerin Kristina Schröder in Berlin die Väter des Jahres aus – und ich habe

endlich, endlich eine Gelegenheit, meine eigenen Erfahrungen in einer Radio-Glosse unters Volk zu bringen.

»*Bis gestern habe ich auf die Einladung gewartet.
Ich war so sicher, dass sie mich ehren würden als Vater
des Jahres. Ich habe meinen kleinen Sohn dazu extra
noch mal auf den Anzug spucken lassen. Wenn Kristina
Schröder mir dann die Urkunde überreicht hätte, dann
hätten wir ein bisschen plaudern können, so von Mutter
zu Mutter. Denn wir neuen Väter sind ja quasi
die besseren Mütter.
Wenn ich unseren Kleinen von der Kita abhole, fühle ich
mich als Held. Die Kindergärtnerin springt flugs herbei,
um mir beim Anziehen meines quengelnden Söhnchens
zu helfen. Sie ist da halt Profi, und die Mütter schaffen
das auch alleine. Im Supermarkt lächeln mir die Omis
freundlich zu und lassen mich mit dem Kinderwagen
an der Kasse vor. Vater mit Baby, wie rührend. Im Büro
erzähle ich gerne von durchwachten Nächten und trage
die Augenringe wie Orden. Ich füttere den Kleinen und
ich wechsle die Windeln. Meistens habe ich allerdings
Glück und erwische nicht die schlimmen, stinkenden ...!
Meine Frau macht es halt öfter, sie hat mehr Routine,
ihr fällt das leichter.
Nein, nein, das sind keine Ausreden, ich würde mich
schon gern noch intensiver kümmern, aber unser Sohn
ist nun mal ein Mamakind. Soll ich ihn etwa seiner
Mutter entreißen? Klar, sie war zehn Monate lang von
morgens bis abends mit ihm zusammen.*

Aber vier Monate Elternzeit habe ich auch genommen.
Väter, die das nicht machen, und das sind immer noch
mehr als drei Viertel, wissen ja gar nicht, was ihnen da
entgeht. Gemeinsam mit so einem kleinen Wesen die
Welt neu zu entdecken, das ist, ach, eine so tiefe emotio-
nale Erfahrung. Da spürt man, was wirklich zählt im
Leben, wenn Sie verstehen, was ich meine.
Mütter verdrehen an dieser Stelle zuweilen genervt die
Augen. Die neuen Väter seien wie kochende Männer,
meinte eine, die stünden auch nicht einfach nur in der
Küche und kochten Eintopf für die Familie. Sondern in-
szenierten mit einem Glas Wein in der Hand das Kochen
als Event, und seien danach zu müde, um aufzuräumen.
Und diese Häme gipfelte dann in der Frage: »*Können*
sie nicht einfach richtige Väter sein und ansonsten die
Klappe halten?«
Das tut weh! Dabei habe ich heute Morgen noch für die
ganze Familie das Frühstück gemacht. Meine Frau
musste ja zu Hause bleiben, weil das Kind krank ist.
Und ich übe schon fleißig mit der Carrera-Rennbahn
und dem Playmobil-Piratenschiff; in drei, vier Jahren
kann mein Sohn dann mitspielen. Beschwere ich mich
etwa, wenn sich meine Frau davor drückt?
Doch, ich hätte die Auszeichnung als Vater des Jahres
wirklich verdient! Aber gut, ziehe ich den Anzug mit
der Babykotze halt morgen im Büro an.«

Holger Senzel, *Auf ein Wort*, ndr-info

Was Kulturell-Erotisches ...

Sieben Millionen Singles suchen die Liebe in Internet-Börsen. Jede dritte Beziehung wird heute online angebahnt. Ich habe vor Jahren auch mal gechattet – und dabei eine Menge weiblichen Männerfrust abgekriegt. Das brachte mich jetzt auf die Idee, das alte Spiel mal von der anderen Seite zu betrachten. In der Anonymität des Netzes das Geschlecht zu wechseln und zu erleben, wie es sich denn so anfühlt, als Frau online einen Partner zu suchen. Ob die Typen wirklich so anmaßend und selbstgefällig sind, wie Frauen erzählen. Eine amüsante Geschichte sollte es werden als Abschluss meines Buches über die Liebe. Aber wirklich lustig war es dann doch nicht. Dafür habe ich eine Menge über Männer gelernt ...

Ich heiße Daphne. So wie Jack Lemmon in *Manche mögen's heiß*, wo er und Tony Curtis als Frauen verkleidet in einer Damenkapelle vor der Mafia fliehen. Ich bin 31 Jahre alt, 1,68 groß, 53 Kilo schwer. Mit großem Eifer erfinde ich mich neu. Attraktiv, selbstbewusst, intelligent, humorvoll und *tough* soll sie sein, meine Daphne – kein Mäuschen. Das Foto lade ich aus einem Managermagazin herunter – bloß nicht zu süß! Ein schmales, anziehendes Gesicht mit Brille und zurückgekämmtem dunkelblondem Haar. Beinahe ein bisschen streng, wäre da nicht dieses entzückende offene Lächeln. Antworten auf 25 Fragen in Daphnes Profil sollen suchenden Männern Aufschluss über ihre Persönlichkeit geben. Zum Beispiel:

Was macht Ihren Traummann aus?

»Ich ziehe echte Männer Träumen vor…«

Was ist Ihnen wichtig in einer Beziehung?

»Meinen Alltag kriege ich jedenfalls gut alleine hin!«

Wovor haben Sie Angst?

»Ich hab' keine Angst!«

Glauben Sie an Gott?

»Wozu? Ich sagte doch: Ich hab' keine Angst!«

Sind Sie tierlieb?

»Ja, wenn sie lecker zubereitet sind …«

Was gibt es bei Ihnen zum Frühstück?

»Jägermeister und Kokain«.

Daphne soll ruhig zeigen, dass sie diesen albernen Fragebogen nicht allzu ernst nimmt. Dass sie über sich selbst lachen kann. Sie spricht drei Fremdsprachen und besitzt einen Doktortitel. Offensichtlich ist sie erfolgreich. *Sind Sie mit ihrem Gehalt zufrieden?* lautet die letzte Frage. Daphnes Antwort: »Sonst würde ich es ja ändern, oder?«

Daphne sucht spannende Begegnungen mit Männern zwischen 28 und 42 Jahren. »Erotik beginnt zwischen den Ohren, nicht zwischen den Beinen«, lautet ihr Motto. Irgendwelche tumben Obermachos mit Pseudonymen wie *Bolide* oder *Raging Bull* sollen sich keine Illusionen machen. Die Frau hat Klasse – und hohe Ansprüche.

Als Mann würde ich sagen: »Daphne ist ein Hauptgewinn.« Sobald ich online bin, stürzen sich die Männer auf sie wie die Fliegen.

macholino (20:43): Tolles Foto, Du hast ein schönes Lächeln

daphne81 (20:43): danke

macholino (20:44): Was machste denn beruflich?

daphne81 (20:45):Ich handle mit Waffen!

macholino (20: 45):Oh, klingt sehr gefährlich!

daphne81 (20:46): War 'n Witz

macholino (20:46): Suchst Du was Festes oder eher was Lockeres?

daphne81 (20:47): Was meinst Du genau?

macholino (20:48): Bist Du auch an was Kulturell-Erotischem interessiert?

Daphne81 (20:49): Hab's nicht so mit Kultur. Muss jetzt auch Schluss machen!

macholino (20:49): Wart mal kurz, Schatz!

Daphne81 (20:51): ???

macholino (20:51): 0178-384523 – fang was Vernünftiges damit an!

Arschloch! Ich klicke ihn weg. Und ärgere mich. Dass ich mich einfach so davonstehle vor seiner fettigen Aufdringlichkeit. Zu sprachlos und verdattert über die bräsige Selbstgefälligkeit, um verbal zurückzuschlagen. Und dass er sich wahrscheinlich unglaublich cool vorkommt. Drei weitere Männer haben mir Chat-Anfragen geschickt. Aber für den Anfang reicht es mir erst mal.

Am nächsten Tag finde ich 82 Nachrichten in meinem Postfach: Männer, die mit mir chatten, telefonieren, mich treffen wollen.

Betreff: Hey
Und magst Du Dich mal mit mir verabreden? LG Martin

Man kann es sich auch noch einfacher machen und für die erste Kontaktaufnahme von *friendscout* vorformulierte Sätze anklicken. Favorit: »Erzähl mir mehr von Dir ...« Aber wieso sollte ich? Gebote es nicht die Höflichkeit, dass er damit anfängt, wenn er mich kennenlernen will?!

Betreff: Treffen
hi mein name ist Christian, bin 28 Jahre und Unternehmer. Bin seit einem halben Jahr wieder Single – aber so langsam krieg ich die Krise. Nachts würd ich doch ganz gerne mal wieder kuscheln wollen. Vielleicht können wir uns auch auf nen Cappu treffen?

Christian ist also einsam. Aber Daphne ist ja nicht das Sozialamt.

Betreff: Lieben Gruss
Hallo, na dann versuche ich mal mein Glück und schreibe Dich an. Schwierig, was man überhaupt am Anfang schreiben soll, deswegen frage ich einfach erstmal, ob Du Lust hast mir zu schreiben? Würde mich über eine Antwort von Dir freuen! Lieben Gruss, Rainer

Erzähl mir mehr von Dir – Lust auf einen Flirt im Chat? – Dein Bild gefällt mir – Ich möchte Dich treffen – Ruf mich an … Gott ist das öde. Und dann bringt mich doch einer zum Lächeln …

Betreff: marcelo1
Hallo schöne Unbekannte;)))Was für ein wunderschöner Engel! Gibt es ein Rezept, einen Tipp oder ein Geheimnis, wie man Deine Aufmerksamkeit bekommt?;))) Lieben Gruß

Natürlich ist auch das nicht wirklich originell. Aber Frau ist ja schon dankbar, wenn einer überhaupt mal ein bisschen Respekt und Charme zeigt. »Italiener, klar«, schreibe ich zurück, »da fühlt sich jede Frau wie eine Göttin!«. Die einzige von 82 Nachrichten, auf die ich antworte.

Betreff: Re: marcelo1
hallo schöne göttin;) fast richtig geraten, ich sag aber nur was ich sehe;) Man müsste blind sein, wenn man dich übersieht;) Lieben Gruß
Es wäre so leicht. Nur ein klein wenig Charme, Witz und Originalität zu investieren, um sich aus der Masse der vorgefertigten Erzähl-mir-mehr-von-Dir- Sätze und Ruf-mich-an-Wahllosigkeit hervorzuheben. Zu schreiben, warum er sich interessiert für eine Frau. Was ihn angesprochen hat in ihrem Profil. Sie zu überzeugen, dass es sich lohnen könnte, sein Profil anzuschauen. Es muss ihnen doch klar sein, dass eine Frau wie Daphne mit Verehrerpost zugemüllt wird. Nein, am Medium Internet liegt

diese sprachlose Brunft nicht. Du hast immerhin 1500 Zeichen, um für dich zu werben. Es könnte sich ein Austausch entwickeln, könnte die moderne Form jener Briefe sein, mit der junge Männer und Frauen vor Jahrhunderten ihre Ehen angebahnt haben. Aber vielleicht kommt das ja noch ...

Zu jeder Tages- und Nachtzeit sind Tausende Suchender im Netz. Geben Alter, Haarfarbe und Vorlieben in den Computer ein – bis zu 50, 100 oder 200 Kilometer Umkreis zum Wohnort – schlank, athletisch oder ein paar Kilos mehr. Und die *friendscout*-Suchmaschine macht dann Partner-Vorschläge. Die schaust du dir in Ruhe an, hinterlässt Nachrichten oder triffst sie online. Beginnst das »Gespräch« mit einer schönen Fremden. Völlig unverbindlich und risikolos, weil du jederzeit aussteigen kannst. Nicht mal eine Entschuldigung brauchst. Selbst wenn ich zufällig seine Chefin wäre, würde ich nie erfahren, wer mich gestern angeflirtet hat. *elbe75hh* sendet mir eine Chatanfrage.

elbe75hh (08:45): Moin Moin hast Du gut geschlafen? Hast Du kurz Zeit für mich?
daphne81 (08:46): ich habe hervorragend geschlafen
daphne81 (08:47): und nun?
elbe75hh (08:49): Hast du heute frei?
elbe75hh (08:49): Darf ich dein vip sehen? Ich bin Tom aus Uhlenhorst und du?
elbe75hh (08:50): ?
elbe75hh (08:51): Huhu
daphne81 (08:53): Du solltest mal an deinen Umgangs-

formen arbeiten. Erst lässt du mich warten, nachdem Du mich angechattet hast – dann wirst Du ungeduldig, wenn ich nicht in derselben sekunde reagiere. Und das Erste, wonach du fragst, ist der Zugang zu meinem privatbereich. Wieso eigentlich?

elbe75hh (08:56): Ich entschuldige mich

daphne81 (08:57): O.k. – und warum sollte ich Dir Zugang zu meinem Privatbereich gewähren?

elbe75hh (08:56): Du interessierst mich, ich möchte mehr von Dir erfahren

daphne81 (08:57): Tun viele. Aber warum sollte ich mich für Dich interessieren?

elbe75hh (08:57): Hallo?

daphne81 (08:58): Ich bin da

elbe75hh (09:01): mal ehrlich – was suchst Du?

daphne81 (09:02): »Ich suche nicht – ich finde.« (Picasso)

elbe75hh (09:02): ich hab' Dich gefunden!

daphne81 (09:02): So sicher wär' ich mir da nicht!

elbe75hh (09:03): Was stellst Du Dir denn so vor unter spannenden Begegnungen?

daphne81 (09:04): Find's heraus!

elbe75hh (09:03): Wenn Du hier erstmal mit mir über Tage hin und her schreiben willst, dann bin ich leider nicht dabei. Weil ich eher der Typ für das reale Leben bin.

Vermutlich lohnt es sich einfach nicht, Zeit und Hirnschmalz zu investieren, statt einfach nur den Kescher in einen großen Teich zu halten. Das Angebot ist schließlich riesig. Wenn die Eine Zicken macht, fragst du halt die Nächste.

In den Sechzigerjahren machte mal ein Mann Schlagzeilen, weil er wahllos wildfremde Frauen fragte, ob sie mit ihm schlafen wollten. Wenn du genug Frauen fragst, ist das vermutlich effizienter, als dich um eine Einzige zu bemühen, die dann möglicherweise doch nicht will. Vor 50 Jahren brauchte man für so eine Aktion sicher noch eine Menge Dreistigkeit. Im Internet riskierst du nicht mal eine Ohrfeige.

Macholino chattet mich jetzt wieder an, der Typ auf der Suche nach was »Kulturell-Erotischem«. Der mich »Schatz« genannt und mir seine Telefonnummer aufgedrängt hat.

macholino (15:21): Hi
macholino (15:22): ??
macholino (15:22): Ich dachte, Du hättest 'nArsch in der Hose und würdest mal anrufen. Oder Karte leer?? Das kann natürlich auch sein ;-)
daphne81 (15:24): Warum soll ich Dich anrufen?
macholino (15:22): Ich find' Dich toll! Du gefällst mir!
daphne81 (15:24): Du mir ehrlich gesagt nicht. Um offen zu sein – ich habe kein Interesse. Du bist einfach nicht so mein Typ.
macholino (15:24): kannst Du das jetzt schon beurteilen?
daphne81 (15:25): Ich verlass' mich da auf mein Bauchgefühl …
macholino (15:25): so ein Quatsch
macholino (15:25): das kann man vielleicht haben, wenn man jemanden zumindest mal gesprochen hat
macholino (15:26): aber doch nicht

macholino (15:26): so
daphne81 (15:26): Doch, manche Chats sind inspirierend – manche nicht so.
macholino (15:27): weißt Du, groß und grade könnte mal inspirierend in Dir verschwinden
macholino (15:28): aber sicher nicht unter Zuhilfenahme einer Tastatur
daphne81 (15:28): Pfffff. Klar, davon träum' ich, Spacko!
macholino (15:30): und immer schön beleidigend werden Ihr Chat-Partner hat den Chat verlassen.

Ich koche vor Wut! So lasse ich als Frau nicht mit mir umgehen! Sage mir immer wieder, dass es unter allem Niveau ist, an diese primitiven Loser auch nur einen Gedanken zu verschwenden. Aber es wurmt mich trotzdem. Nur Worte auf einem Textfeld im Computer, aber sie schaffen es, dass ich mich unwohl fühle, sobald ich online gehe. Wie muss es erst sein, wenn so ein Typ neben dir in einer Bar steht und dir seinen feisten Arm um die Schulter legt? Und sie lassen nicht locker. Wenn ich den Chat mit einem Mausklick beende, habe ich sie wenig später wieder am Hals. Natürlich könnte ich sie auch sperren lassen, aber ich bin neugierig. Sind Männer wirklich derart stumpf? Vielleicht mache ich ja auch irgendwas falsch – als Frau. Irgendwas, das genau diese Sorte Typen anzieht. Meine Frau lacht. Sie kennt sowas …

Zwei Stunden später spricht mich *macholino* wieder an:
macholino (17:33): und............wieder abgeregt?
macholino (17:35): irgendwie komisch, normal seid ihr da oben doch ohne jegliche Gefühlsregung

daphne81 (17:36): Was gibt's denn noch?

macholino (17:37): können wir uns jetzt wieder......sagen wir......vertragen?

daphne81 (17:40): Wir haben keinen Streit. Ich vermute mal, wir bewegen uns nicht so ganz auf derselben Ebene.

macholino (17:41): Streng genommen haben wir hier ja nicht mal ein richtiges »Gespräch« gehabt

daphne81 (17:46): Dabei sollten wir es auch belassen. Ich habe kein Interesse, respektier das einfach.

macholino (17:51): mach ich, auch vorher schon

macholino (17:52): mal davon abgesehen, dass Du mich ja jederzeit auf »Deine Ebene« bringen kannst

daphne81 (17:53): Glaub' ich nicht. Viel Glück. Tschüs!

macholino (17:54): Du hast ja meine Telefonnr. – falls Du's Dir anders überlegst …

Eisbär hat mir eine Nachricht geschickt. Ein fröhlicher Mittfünfziger mit stolz vorgerecktem Bierbauch. Sein Motto: »Wo ich bin, ist vorne!« *Eisbär* ist Lehrer. Schickt mir gleich den Zugang zu seinem Privatbereich mit. Da schreiben Leute Dinge über sich, die nicht alle lesen sollen. Was sie noch nie einem Menschen erzählt haben (und was ehrlicherweise auch keiner wirklich wissen will). Was sie erotisch finden, zum Beispiel, oder peinliche Situationen, geheime Wünsche …
Eisbär lebt in einer festen Beziehung und meint genau zu wissen, was ich mir unter »spannenden Begegnungen« vorstelle. *Eisbär* könnte mein – also Daphnes – Vater sein. Ich lösche seine Nachricht; mein Postfach quillt über vor Verehrerpost. Eisbär chattet mich an, sobald ich online bin.

Eisbär (20:21): Na alles klar bei dir? Schon nette Erfahrungen gemacht hier?

Eisbär (20:23): hallo??? magst du nicht antworten?

Eisbär (20:26): Der Chat spinnt. Schick mir mal ne SMS. 0197-7456915 ist einfacher zu telefonieren

Eisbär (20:30): Bitte sei so fair und antworte doch mal kurz. Habe dir diverse chatanfragen geschickt aber irgendwie klappt es nicht

»Nein, der Chat spinnt nicht. Du bist mir zu alt!«, schreibe ich zurück.

Schweigen auf der anderen Seite. Ich weide mich an der Vorstellung, sein aufgeblasenes Ego kastriert zu haben. Zwei Minuten später – im Netz eine Ewigkeit – antwortet *Eisbär* dann doch: »Bei mir hat sich noch keine beschwert!«

Und ich dachte immer, Typen, die sowas sagen, wären mit den Dinosauriern ausgestorben. *Bei mir hat sich noch keine beschwert.* Grundgütiger!

Ich bin nicht besonders stolz auf meine Geschlechtsgenossen. All diese Höhlenmenschen, die aus dem Hinterhalt der Anonymität Daphne mit ihren schmierigen Anzüglichkeiten auf die Pelle rücken. Eine Frau kann ihnen tausend Mal sagen, dass er nicht ihr Typ ist, und er denkt, dass sie sich bloß ziert: »Denn du willst es doch im Grunde auch!« Du meine Güte – aber doch nicht mit dem!!!

Immer öfter vergesse ich, dass ich ein Spiel spiele. Gehe auf in meiner Rolle. Als sich meine Frau belustigt nach meinen Netz-Erfahrungen erkundigt, antworte ich: »Mein Männerbild ist ehrlich gesagt nicht mehr allzu positiv.«

Manchmal mache ich mir einen Spaß daraus, Männer für ihre Respektlosigkeiten zu bestrafen. Mit ihnen zu spielen. Sie zu locken, ihre Fantasien herauszukitzeln. Und sie können es gar nicht fassen, dass sich eine Frau tatsächlich auf ihre Anzüglichkeiten einlässt ... Wenn ich den Eindruck habe, dass sie gleich auf die Tastatur sabbern, schreibe ich:»Du bist furchtbar uninspirierend!« und klicke sie weg. Mit einem verabrede ich mich sogar zum Sex, um zu sehen, wie weit ich es treiben kann. Es irritiert mich, dass er mir auf den Leim geht. Dass er tatsächlich glaubt, eine attraktive Frau hätte es nötig, sich mit Wildfremden zu anonymen Quickies zu treffen. Er will mir seinen Schlüssel in den Briefkasten legen – damit ich raufkomme zu ihm, in die Wohnung. Soll ich vielleicht noch ein Bier mitbringen? Ich schlage einen Parkplatz vor an der Elbe, sehr romantisch, sehr verrucht. Aber ein ganzes Stück zu fahren halt ...

Und er kriegt es mit der Angst zu tun: *Woher soll er wissen, dass ich nicht irgendeine Verrückte bin, die ihn ausraubt und umbringt.* »Gute Frage – du hast recht, vergessen wir's!« Ich klicke ihn weg, aber zwei Sekunden später chattet er mich wieder an. Bettelt. Ich haue mir vor Lachen auf die

Schenkel, als ich am nächsten Morgen seine Nachricht in meinem Briefkasten vorfinde. Voller Empörung, Wut und wüster Beschimpfungen. Er ist tatsächlich hingefahren. Mannomann, sind die Typen dämlich ...

Natürlich gibt es auch andere. Männer auf der ernsthaften Suche nach der Frau fürs Leben. Höflich und zurückhaltend. Wahrscheinlich sind sie sogar in der Mehrheit, aber die wenigsten hinterlassen einen nachhaltigen Eindruck.

Clark Kent (21:09): Hallo schöne Frau – bist Du neu hier?
Daphne81 (21:10): Ja
Clark Kent (21:11): Wie war Deine Woche bisher?
Daphne81 (21:12): gut
Clark Kent (21:12): Schaust Du keinen Fußball heute Abend?
Daphne81 (21:13): Doch!
Clark Kent (21:13): Was machst Du beruflich?
Daphne81 (21:14): Ich bin Zahnärztin!
Carl Kent (21:14): Das ist ja ein interessanter Beruf
Daphne81 (21:15) : Nein, es ist stinklangweilig, den ganzen Tag fremden Leuten im Mund herumzupuhlen.
Clark Kent (21:15): Oh

»Das wird nichts mit uns«, schreibe ich – und klicke ihn weg. Inzwischen leiden auch meine eigenen Umgangsformen zunehmend unter der Anonymität des Netzes. Wieso soll ich Zeit mit einem verdrucksten Schüchterling oder Langeweiler verschwenden und darüber womöglich einen spannenderen Chat verpassen?! Männer, die ihre Botschaften mit grinsenden, augenzwinkernden oder traurigen gelben Smileys verzieren, fliegen sofort raus. Ebenfalls solche, die »grins« oder »lieb guck« hinter ihre Texte schreiben. Oder Pseudonyme haben wie *Kuschelbär* oder *Einsam_78* . Ich habe nicht viel Geduld mit meinen Verehrern – und ich mache es ihnen nicht leicht, mit mir ins Gespräch zu kommen. Zeigt mal, was ihr drauf habt, Jungs! Der Nächste wartet schon, mal schauen, ob der es schafft, mich über acht Zeilen hinaus am Laptop zu halten. Das Rollenverhalten im Netz ist – zurückhaltend formuliert – klassisch. Die Frauen hocken da wie die Hühner auf der Stange und warten, dass sie einer anspricht.

Das Netz ist nicht unbedingt Verfälscher, sondern eher Verstärker. Von Hoffnungen, Unwahrheiten, Enttäuschung, Sprachlosigkeit. »Hallo schöne Frau – bist Du neu hier?« Die Anbaggersprüche im echten Leben sind vermutlich auch nicht origineller, aber da hast du wenigstens noch ein Gesicht, ein Lächeln, eine Stimme dazu – da stehen sie nicht ganz so nackig da … Das spricht erst mal nicht gegen Single-Börsen, natürlich kannst du auch in einem Chat spüren, ob du einen Draht zu einem anderen Menschen hast. Ich hatte einen sehr kurzweiligen Chat mit einem 40-jährigen Architekten. Anderthalb Stunden lang flogen die Sätze hin und her – ein heiteres, geistreiches Gespräch. Du machst eine Bemerkung – und die Reaktion des anderen zeigt dir, dass er dich versteht. Dass er sich wirklich für dich interessiert. Ihr auf einer ähnlichen Wellenlänge tickt. Manchmal geben Menschen in der Anonymität des Netzes eine Menge von sich preis. Da entsteht schnell der Eindruck, dass man sich besonders nah ist. Der 40-jährige Architekt und die geistreiche, attraktive junge Frau, die in Wirklichkeit ein älterer Mann ist.

Natürlich kann das Netz nichts dafür, wenn da einer seinen Schabernack treibt. Aber ich kenne das Spiel ja auch von der anderen Seite. Habe als Mann zur Genüge das abweisende Misstrauen von Frauen wie Daphne erlebt. Die aggressive Herablassung. Als erwarteten sie von vornherein, enttäuscht und belogen zu werden. Durch meinen Rollentausch verstehe ich vieles ein bisschen besser. Auch wenn ich mich keineswegs verantwortlich fühle für peinliche, respektlose Geschlechtsgenossen – ich glaube nicht, dass sie für die Mehrheit typisch sind. Aber ich kann schon nachvollziehen, dass sie das Gesamtbild nachhaltig versauen, weil sie bei Frauen ein so großes Unwohlsein auslösen. Weil sie einfach so viel lauter und aufdringlicher sind als die Netten und Freundlichen.

»Im echten Leben steht es keinem auf der Stirn geschrieben, ob er Single ist und sucht oder nicht.« Das ist ja das Hauptargument dieser Börsen. Kann schon sein – aber im analogen Leben hast du diese verzweifelt Suchenden nicht ganz so pur – da vermischen sie sich mit denen, die schon gefunden haben. Oder gerade nicht auf der Suche sind. Das macht es entspannter. Der Druck ist hoch in diesem Kessel der viel zu oft Enttäuschten, dass es doch jetzt endlich mal klappen muss mit der Liebe. Tempo und Taktung sind rasant, Begegnungen flüchtig, den Chatpartner von gestern kennst du heute meist schon nicht mehr. Irritierend die Feindseligkeit von Menschen, die miteinander Liebe suchen. Die Atmosphäre ist hoch aufgeheizt, gereizt, hektisch.

»Man hatte plötzlich die Möglichkeit, allen alles zu sagen,
aber man hatte, wenn man es sich überlegte,
nichts zu sagen.«
Bertolt Brecht

»Ich suche nicht, ich finde«, sagte Picasso, was ich immer blasiert und selbstgefällig fand. Denn wer suchet, der findet! Die Frage ist nur, was? Weil das Suchen immer auch etwas Verzweifeltes hat. Wenn ich unbedingt einen neuen Anzug brauche, fällt das Ergebnis sicher anders aus, als wenn ich meinen Traumanzug irgendwann zufällig in einem Schaufenster entdecke. Ich halte das für ein ziemlich schräges Konzept von Liebe – auf einem Wühltisch nach der Perle zu grabbeln. Wenn man lange genug sucht, dann springt womöglich irgendwann tatsächlich der Funke über … Aber ich fürchte ehrlich gesagt, dass ich nur zynischer würde, wenn ich jeden Abend eine andere träfe, um irgendwann mal meiner Traumfrau zu begegnen. Da kommt dir doch das Gefühl abhanden, wenn du Liebe als Bewerbungsgespräche organisierst. Nur weil die Leute nicht alleine sein können. Wer ständig Frösche küsst, um seinen Traumprinzen zu finden, verdirbt sich womöglich bloß den Geschmack.

Oder erspart sich Enttäuschungen? Die Kunstliebhaberin muss keine Zeit verlieren mit einem Kulturbanausen. Weil sie von vornherein eingrenzt, was ihr wichtig ist in einer Partnerschaft. »Das macht die Partnersuche im Internet nicht unromantischer, sondern schlicht effektiver«, sagt die Soziologin Christiane Schnabel in der »Süddeutschen Zeitung«. Menschen mit gleichen Interessen finden leichter zusammen. Vermeiden von vornherein Konfliktfelder. Ob du bei offenem Fenster schläfst oder es lieber warm hast im Schlafzimmer, beispielsweise.

Er liebt moderne Kunst, klassische Musik, asiatische Küche, Rad fahren und Schwimmen, macht Urlaub in den Alpen, ist St.-Pauli-Fan, geht gern ins Museum, glaubt »eher weniger« an Gott, Treue ist ihm dagegen »sehr wichtig«, und er sucht eine zierliche blonde Frau mit grünen Augen, zwischen 28 und 34 Jahren und max. 1,68 Körpergröße ... Kann man alles eingeben bei diesen Internet-Singleportalen. Und der Computer findet dann das einzige zu dir passende Puzzleteil im ganzen Speicher. 99,5 Prozent Übereinstimmung. Jetzt muss nur noch der Funke überspringen.

Ich hätte nie nach einer kulturbegeisterten Vegetarierin gesucht. Essen hatte für mich immer mit Fleischeslust zu tun, und ich würde mich ohne jede Koketterie als Kulturbanausen bezeichnen. Habe nie begriffen, welcher Reiz darin liegt, in einem Konzertsaal mit fremden Menschen zusammengepfercht ewig stillzusitzen – und nach zwei Stunden singen sie immer noch – und ich muss aufs Klo und habe Durst auf ein kaltes Bier und werde ungehalten ... Ich habe eine Vegetarierin und Kulturredakteurin geheiratet! Ich freue mich, wenn sie aus dem Theater zurückkehrt und mir begeistert von einer Aufführung erzählt – während ich einen herrlich entspannten Männerabend auf meinem Boot verbracht habe. Manchmal macht sie mich neugierig, und ich entdecke Dinge, die mir immer verschlossen schienen. Sie hat mir ein Hörbuch über Bach geschenkt und damit meine Leidenschaft für seine Musik geweckt. Sie lässt mich mein Steak essen und erweitert zugleich meinen kulinarischen Horizont.

Liebe sollte keinen Raum nehmen, sondern welchen schaffen. Liebe folgt keinen *matchingpoints*, sondern verzaubert deine Seele. Berührt dich ganz tief im Herzen. Liebe ist eine fantastische Entdeckungsreise zu dir selbst.